“十三五”职业教育国家规划教材　　高等职业教育汽车类新形态一体化教材

汽车维护与保养

主　编　韩　东

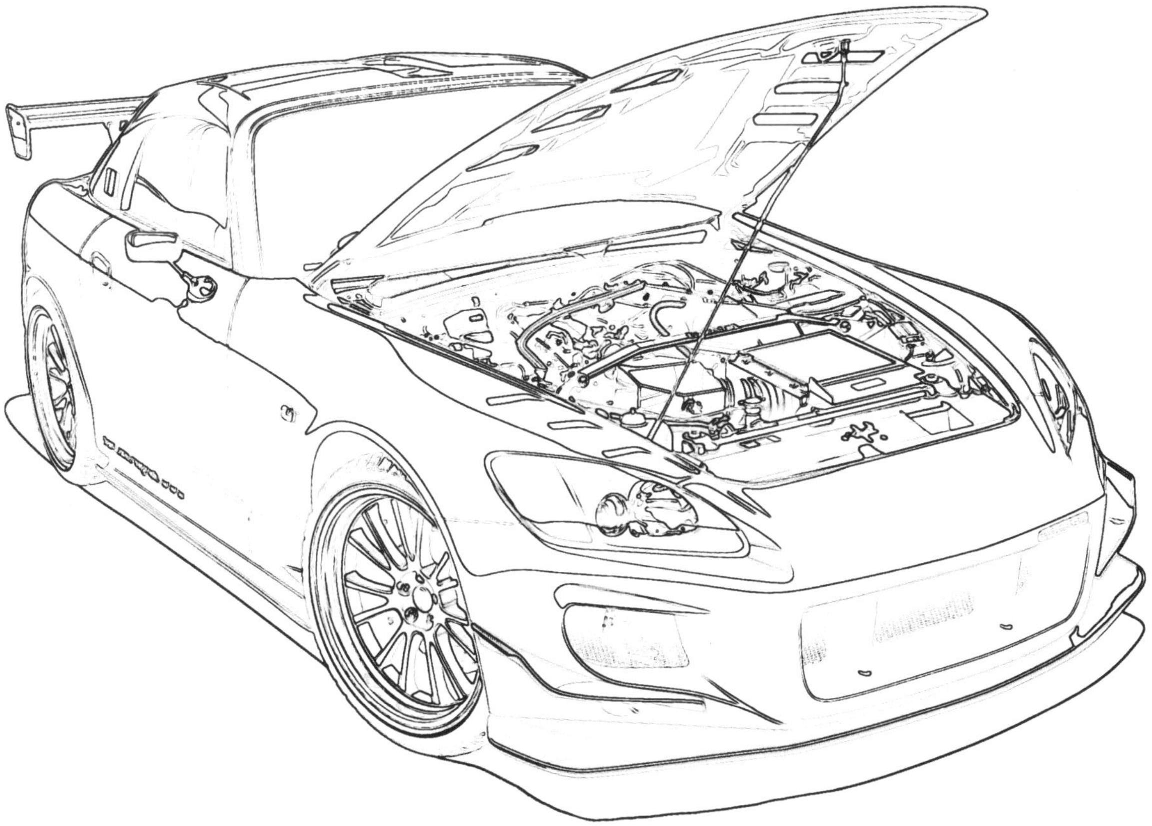

QICHE WEIHU YU BAOYANG

高等教育出版社·北京

内容提要

本书是“十三五”职业教育国家规划教材，本书系统阐述了汽车维护保养的基础知识，作为一名维护保养工作人员所应具备的素质及其训练，发动机、底盘、电气系统及车身维护保养的项目、内容及具体的操作方法，整车维护保养综合训练及道路检测等内容。

为方便教学，本书配套有微课学习视频，扫描本书中的二维码，即可在线进行学习。也欢迎读者访问职业教育数字化学习中心——“智慧职教”（www.icve.com.cn），注册、登录后，在首页或课程频道搜索本书对应课程“汽车维护与保养”，进行在线学习。智慧职教使用方法详见“智慧职教服务指南”。

本书内容详尽，可操作性强，可作为高等职业院校、高等专科学校、成人高校、民办高校及本科院校的二级职业技术学院汽车检测与维修及相关专业的教学用书，也可作为相关领域专业技术人员的参考用书及培训用书。

授课教师如需本书的教学课件等资源，可发送邮件至 gzjx@pub.hep.cn 索取。

图书在版编目（CIP）数据

汽车维护与保养 / 韩东主编. -- 北京 : 高等教育出版社，2018.1(2022.11重印)
ISBN 978-7-04-048928-6

Ⅰ. ①汽… Ⅱ. ①韩… Ⅲ. ①汽车－车辆修理－高等职业教育－教材②汽车－车辆保养－高等职业教育－教材 Ⅳ. ①U472

中国版本图书馆CIP数据核字(2017)第280468号

策划编辑 张值胜　责任编辑 张值胜　封面设计 姜 磊　版式设计 童 丹
插图绘制 杜晓丹　责任校对 陈 杨　责任印制 赵义民

出版发行	高等教育出版社	网　址	http://www.hep.edu.cn
社　址	北京市西城区德外大街 4 号		http://www.hep.com.cn
邮政编码	100120	网上订购	http://www.hepmall.com.cn
印　刷	北京中科印刷有限公司		http://www.hepmall.com
开　本	787mm × 1092mm　1/16		http://www.hepmall.cn
印　张	10		
字　数	280 千字	版　次	2018 年 1 月第 1 版
购书热线	010-58581118	印　次	2022 年 11 月第11次印刷
咨询电话	400-810-0598	定　价	30.00 元

物 料 号　48928-A0

“智慧职教”服务指南

“智慧职教”是由高等教育出版社建设和运营的职业教育数字教学资源共建共享平台和在线课程教学服务平台，包括职业教育数字化学习中心平台（www.icve.com.cn）、职教云平台（zjy2.icve.com.cn）和云课堂智慧职教 App。用户在以下任一平台注册账号，均可登录并使用各个平台。

- 职业教育数字化学习中心平台（www.icve.com.cn）：为学习者提供本教材配套课程及资源的浏览服务。

登录中心平台，在首页搜索框中搜索“汽车维护与保养”，找到对应作者主持的课程，加入课程参加学习，即可浏览课程资源。

- 职教云（zjy2.icve.com.cn）：帮助任课教师对本教材配套课程进行引用、修改，再发布为个性化课程（SPOC）。

1. 登录职教云，在首页单击“申请教材配套课程服务”按钮，在弹出的申请页面填写相关真实信息，申请开通教材配套课程的调用权限。

2. 开通权限后，单击“新增课程”按钮，根据提示设置要构建的个性化课程的基本信息。

3. 进入个性化课程编辑页面，在“课程设计”中“导入”教材配套课程，并根据教学需要进行修改，再发布为个性化课程。

- 云课堂智慧职教 App：帮助任课教师和学生基于新构建的个性化课程开展线上线下混合式、智能化教与学。

1. 在安卓或苹果应用市场，搜索“云课堂智慧职教”App，下载安装。

2. 登录 App，任课教师指导学生加入个性化课程，并利用 App 提供的各类功能，开展课前、课中、课后的教学互动，构建智慧课堂。

“智慧职教”使用帮助及常见问题解答请访问 help.icve.com.cn。

配套微课资源索引

名称	对应章节	对应页码
微课 1 车辆防护	第二部分	20
微课 2 举升机的使用	第二部分	21
微课 3 力矩扳手的使用	第二部分	24
微课 4 气动扳手的使用	第二部分	34
微课 5 润滑系泄漏检查	第三部分	48
微课 6 机油滤清器的更换	第三部分	49
微课 7 机油的更换	第三部分	50
微课 8 机油量检查	第三部分	50
微课 9 冷却系统检查及冷却液更换	第三部分	51
微课 10 冷却液冰点的检查	第三部分	52
微课 11 空气滤清器的保养	第三部分	54
微课 12 燃油滤清器的更换	第三部分	56
微课 13 发动机传动皮带的检查	第三部分	62
微课 14 PCV 阀的检查	第三部分	66
微课 15 离合器的保养	第四部分	72
微课 16 手动传动桥油位检查	第四部分	73
微课 17 自动变速器油位检查	第四部分	74
微课 18 防尘套的检查	第四部分	76
微课 19 胎压表的使用	第四部分	78
微课 20 车轮的检查	第四部分	78
微课 21 车轮换位	第四部分	79
微课 22 底盘螺栓检查	第四部分	80
微课 23 动力转向液检查	第四部分	83
微课 24 制动液的更换	第四部分	89
微课 25 制动踏板及真空助力器性能检查	第四部分	92
微课 26 驻车制动器检查	第四部分	93
微课 27 制动器的检查	第四部分	94
微课 28 蓄电池检查	第五部分	108
微课 29 火花塞的检查	第五部分	111
微课 30 车灯的检查	第五部分	113
微课 31 挡风玻璃洗涤器刮水器检查	第五部分	116
微课 32 玻璃升降器的检查	第五部分	117
微课 33 空调制冷剂的检查	第五部分	117
微课 34 空调滤芯的更换	第五部分	120
微课 35 安全带的检查	第六部分	126
微课 36 座椅螺栓的检查	第六部分	127
微课 37 车门螺栓的检查	第六部分	127
微课 38 门控灯开关的检查	第六部分	128
微课 39 儿童锁的检查	第六部分	128
微课 40 行李箱的检查	第六部分	128
微课 41 油箱盖的检查	第六部分	129
微课 42 天窗的检查	第六部分	129

前言

随着我国汽车工业的发展以及汽车保有量的迅速增加，广大汽车用户及维护人员越来越深刻地认识到对汽车进行维护保养的重要性。随着高职高专培养方向的调整，对于高职高专汽车检测与维修专业的学生，正确地掌握汽车维护保养的方法已成为一项必备的基本技能。

本书在结构上分为七大部分，第一部分主要讲述汽车维护保养的基础知识，第二部分讲述作为一名维护保养工作人员所应具备的素质及其训练，第三部分至第六部分分别讲述发动机、底盘、电气系统和车身维护保养的项目内容及具体的操作方法，第七部分讲述整车维护保养综合训练及道路检测。

本书面向高职高专教育而编写，其特色可以概括为：

（1）内容新。以大众和丰田最新汽车维护保养操作为蓝本，编写本教材。

（2）结构新。图文并茂，其中的训练与思考可及时了解学生对知识掌握的情况。

（3）提高学生素质。针对学生的思想素质、岗位素质、业务素质进行训练。

（4）规范化。针对普及车型给出规范操作。

（5）可操作性强。看图训练，给出各项目的分解操作和整车的连接训练。

（6）实用性强。贴近于现实，学即能用。

（7）适用范围广。

本书由长春汽车工业高等专科学校韩东编写。

在本书的编写过程中得到了许多专家与同行的热情支持，并参阅了许多国内外文献，特别是丰田汽车公司 TEAM-21 之丰田技术员和大众迈腾六万公里保养资料，在本书配套的微课视频制作过程中得到靳光盈及王鹤鹏两位老师的协助，在此表示感谢。

由于编者水平有限，书中可能存在不妥或错漏之处，恳请读者批评指正。

编　者

2017 年 6 月

目录

第一部分　汽车维护保养概述

学习目标

- 掌握日常维护、一级维护、二级维护和走合期维护的作业项目、工艺流程和竣工标准。
- 掌握日常维护的正确方法。
- 了解维护保养的基本原则。

考核标准

- 能够熟练地说明日常维护、一级维护、二级维护和走合期维护的作业项目、工艺流程和竣工标准。
- 能够独立正确地进行汽车的日常维护

电子教案
汽车维护保养概述

电子课件
汽车维护保养概述

汽车保养是指定期对汽车相关部分进行检查、清洁、补给、润滑、调整或更换某些零件的预防性工作，又称汽车维护。现代汽车的保养范围主要包含了对发动机系统、底盘系统、车身系统、电气系统的保养。汽车保养的目的是保持车容整洁，技术状况正常，消除隐患，预防故障发生，减缓劣化过程，延长使用周期。

俗话说“三分修理，七分维护”，随着汽车技术和质量水平的提高，汽车维护的重要性愈显突出。根据原交通部《汽车运输业车辆技术管理规定》，汽车维护应本着预防为主、强制维护的原则，定期进行。

随着汽车设计和制造水平的提高，汽车通过有效维护，在使用期限内，取消整车大修已逐渐成为一种发展趋势。例如：捷达轿车如果使用维护得当，无大修里程可达 500 000 km以上；按家用车每年行驶20 000 km计算，可使用25年之久。整车大修已被总成大修所替代，汽车维修的重点已转移到维护工作上，维护已大于修理。在汽车维修工作中，实际上也是以维护作业为主。

汽车维护作业的内容是依照汽车技术状况变化规律来安排的，并做在汽车技术状况变坏之前。因此，汽车维护是预防性的。实践证明，定时按维护间隔和项目及技术要求对汽车进行强制维护，使汽车保持整洁，能及时发现和消除故障隐患，延长汽车的使用寿命，降低故障率，防止汽车早期损坏。因此，坚持预防为主、强制维护的原则，做好汽车维护工作并按照汽车制造厂的要求定期进行，是有效地保持汽车良好技术性能的唯一途径。

项目1　汽车维护保养基础

汽车在使用过程中，随着行驶里程的增加，各部机件将产生不同程度的松动、磨损和损伤，使汽车技术状况变坏、使用性能降低。为了使汽车经常保持良好的技术状况，保证在各种条件下可靠地工作，防止早期损坏，延长使用寿命，减少油料和其他材料的消耗，除了正确使用汽车外，还必须按汽车技术标准对汽车进行定时、定量的维护。

维护保养作业必须遵照汽车生产厂规定的行驶里程或间隔时间，按期强制执行，不得延误。在作业中还应参考以往汽车运用的经验和实际使用的要求，安排汽车维护保养项目和作业深度，使汽车维护保养内容与汽车本身技术状况的自然变化相适应，达到合理维护保养汽车的目的。各级维护保养作业项目和周期的确定，要根据汽车的结构性能、使用条件、故障规律、配件质量及效果等情况综合考虑，及时修订。

在维护保养作业中除主要总成发生故障必须解体外，不得对其进行解体。为减少重复作业，季节性维护保养和维护保养间隔较长的项目（指超出一、二级维护保养项目以外的维护保养内容）可结合一、二级维护保养同时进行。在汽车二级维护保养前应进行检测诊断和技术评定，根据结果确定附加作业或小修项目，结合二级维护保养一并执行。

1. 汽车维护保养级别的划分

根据汽车不同时期使用的特点，汽车维护保养一般分为：常规性维护保养、季节性维护保养和走合期维护保养。汽车的常规维护保养分为日常维护保养、一级维护保养、二级维护保养三种级别。

维护保养作业以清洁、检查、紧固、调整、润滑和补给为主，维护保养范围随着行驶里程的增加逐步扩大，内容逐步加深。

（1）维护保养间隔里程

汽车各级维护保养的参考间隔里程或时间间隔，一般以汽车生产厂家规定为准。

（2）各级维护保养的主要作业范围

日常维护保养　日常维护保养是驾驶员必须完成的日常性工作，其作业中心内容是清洁、补给和安全检视。

一级维护保养　一级维护保养由专业维修人员负责进行，其作业中心内容除日常维护保养作业外，以润滑、紧固为主，并检查有关制动、操纵等安全部件。

二级维护保养　二级维护保养由专业维修人员负责进行，其作业中心内容除一级维护保养作业以外，以检查、调整为主，并拆检轮胎，进行轮胎换位等。

走合期维护保养　新车和大修车在走合期开始、走合中及走合期满后，应进行规定的走合期维护保养。该维护保养由维修厂家负责进行。其作业内容以检查、紧固和润滑等工作为主。

季节性维护保养　凡全年最低气温在 0℃以下地区，在入夏和入冬之前需要进行季节性维护保养。该维护保养由驾驶员负责进行，其作业内容为更换符合季节要求的润滑油、冷却液，检查冷却系统和取暖或空调系统的工作情况。

2. 汽车维护保养的基本原则

（1）预防为主、强制维护。

（2）强化检验、严格标准。

（3）严密组织、精心操作。

（4）完善统计、提高效率。

（5）合理调整、有的放矢。

3. 汽车维护保养的主要工作

汽车维护保养的主要工作有清洁、检查、紧固、调整、润滑和补给等项内容。

（1）清洁　主要包括对燃油滤清器、机油滤清器、空气滤清器滤芯、空调滤清器滤芯的清洁或更换、汽车外表的养护和对有关总成、零部件内外部的清洁作业。

（2）检查　主要是检查汽车各总成和机件的外观、工作情况和连接螺栓的预紧力等。

（3）紧固　重点应放在负荷重且经常变化的各部机件的连接部位上，以及对各连接螺栓进行必要的紧固和配换。

（4）调整　主要是按技术要求，恢复总成、机件的正常配合间隙及工作性能等作业。

（5）润滑　包括对发动机润滑系更换或添加润滑油；对传动系操纵部分以及行驶系各润滑点加注润滑油或润滑脂等作业。

（6）补给　对汽车的润滑油料及特殊工作液体进行加注补充；对蓄电池进行补充充电、对轮胎进行补气等作业。

4. 汽车使用的一般条件

（1）主要行驶在铺装路面的公路上；

（2）主要使用在尘土较少的条件下；

（3）以长途行驶为主。

5. 汽车使用的苛刻条件

（1）主要行驶在市区内；

（2）主要在多尘条件下行驶；

（3）主要在炎热地区行驶；

（4）主要在寒冷多雪地区及有陡坡的山区行驶；

（5）经常短途行驶（发动机经常达不到正常工作温度）。

项目2 日常维护保养

1. 日常维护保养项目

日常维护保养的主要内容是坚持“三检”，即出车前、行车中、收车后检视车辆的安全机构及各部机件连接的紧固情况；保持“四清”，即保持机油滤清器、空气滤清器、燃油滤清器和蓄电池的清洁；防止“四漏”，即防止漏水、漏油、漏气和漏电；保持车容整洁。常用小型车辆的日常维护保养基本作业项目详见表1–1。

表1–1 日常维护保养基本作业项目

分类	作业内容
车身外部	(1) 检查、清洁驾驶室内外各镜面与各风挡玻璃； (2) 检查整车外观、油漆和腐蚀情况； (3) 检查、调整轮胎状况和车轮固定螺栓紧固情况； (4) 检查、调整刮水器刮片状况； (5) 检查全车各部位液体泄漏情况； (6) 检查、润滑车门和发动机罩。
车身内部	(1) 检查、调整灯光、信号状态； (2) 检查提醒指示器和警告蜂鸣器的状态并实施必要的维修； (3) 检查、调整喇叭的状态； (4) 检查刮水器、风挡玻璃洗涤器状态； (5) 检查风挡玻璃除霜器工作情况； (6) 检查、调整后视镜和遮阳板； (7) 检查转向盘自由行程以及转向盘回转平顺情况； (8) 检查、调整前排座椅状态； (9) 检查、调整安全带技术状况； (10) 检查油门踏板操作情况； (11) 检查离合器、制动器踏板的自由行程以及踩下、抬起的平顺情况； (12) 检查制动器的制动性能； (13) 检查手制动器的驻车性能； (14) 检查自动变速器停车挡的性能。

续表

分类	作业内容
发动机舱	(1) 检查、补充发动机机油； (2) 检查、补充发动机冷却液； (3) 检查、补充风挡玻璃清洗液量； (4) 检查并清除散热器的污物，紧固软管管箍，检查其老化情况； (5) 检查、调整蓄电池液面高度或检查免维护蓄电池电量显示情况； (6) 检查、补充制动液液位； (7) 检查、调整发动机驱动皮带张紧度，检查其老化、断裂等损坏情况； (8) 检查、补充自动变速器液； (9) 检查、补充动力转向液； (10) 检查排气系统固定和其他变化情况。

2. 日常维护保养作业的工艺流程

日常维护保养作业的工艺流程如图 1–1 所示。

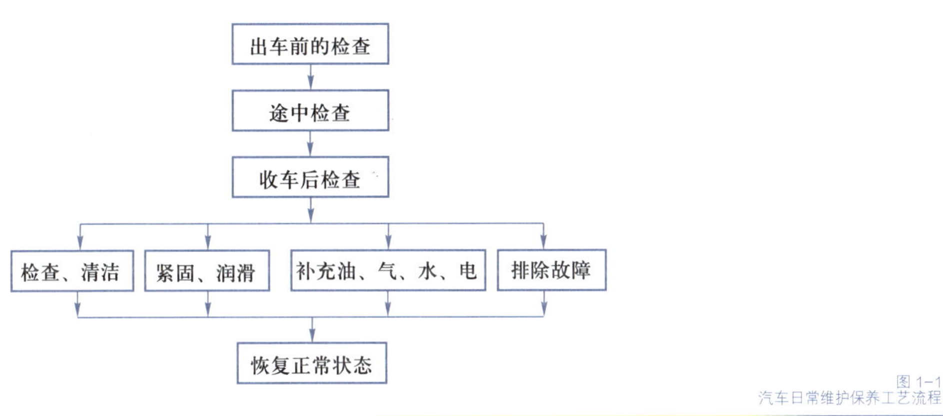

图 1–1
汽车日常维护保养工艺流程

项目 3　一级维护保养

1. 一级维护保养时机与作业项目

一级维护保养的时机一般按汽车生产厂家推荐或规定的行驶里程或使用时间进行。一级维护保养的间隔里程约为 5 000~7 500 km 或 6 个月，以行驶里程或使用时间先达到为准。汽车使用苛刻条件下可适当缩短保养周期。基本作业项目见表 1–2。

表 1–2　一级维护保养基本作业项目

项目	作业内容
发动机	(1) 检查润滑、冷却、排气系统及燃油系统是否渗漏和损坏； (2) 更换发动机机油及机油滤清器； (3) 检查冷却系统液面高度及防冻能力，必要时添加冷却液或调整冷却液浓度； (4) 清洁空气滤清器，必要时更换滤芯； (5) 检查、清洗火花塞，必要时更换火花塞； (6) 检查 V 型传动皮带状况及张紧度，视情调整张紧度或更换 V 型传动皮带。

续表

项目	作业内容
底盘	（1）检查离合器踏板行程； （2）检查变速箱是否渗漏或损坏； （3）检查等速万向节防尘套是否损坏； （4）检查转向横拉杆球头固定情况、间隙及防尘套是否损坏； （5）检查制动系统是否渗漏或损坏； （6）检查制动液液面高度，必要时添加制动液； （7）检查制动蹄摩擦衬片或衬块的厚度； （8）检查、调整手制动装置； （9）检查轮胎气压、磨损及损坏情况； （10）检查车轮螺栓扭紧力矩； （11）检查轮胎花纹深度。
车身	（1）润滑发动机舱盖及后备厢盖铰链； （2）润滑车门铰链及车门限位拉条； （3）检查车身底板密封保护层有无损坏。
电气系统	（1）检查照明灯、警报灯、转向信号灯及喇叭的工作状况； （2）检查、调整前大灯光束； （3）检查风挡玻璃刮水器及清洗装置，必要时添加风挡玻璃清洗液； （4）检查蓄电池液电量，必要时补充充电； （5）检查空调系统是否渗漏； （6）检查空调系统空气滤清器。
路试	检测整车各部性能。

2. 一级维护保养工艺流程

汽车一级维护保养工艺流程如图 1-2 所示。

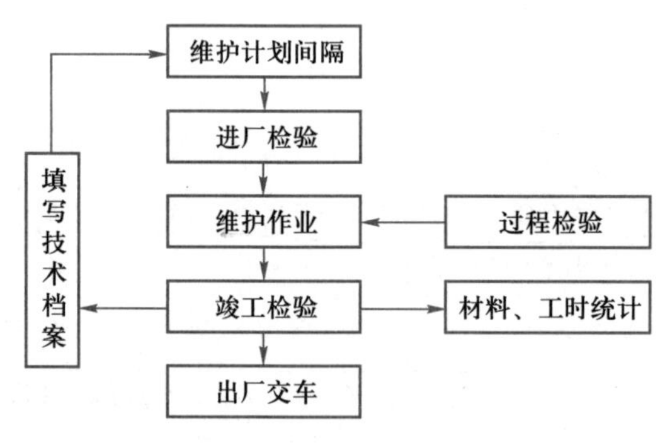

图 1-2
汽车一级维护保养工艺流程

3. 一级维护保养竣工标准

（1）发动机前后悬挂、进排气歧管、散热器、轮胎、传动轴、车身、附件支架等外露螺栓、螺母须齐全、紧固、无裂纹。

（2）转向操纵机构、制动操纵机构工作可靠，转向杆球头、轴承无松旷。

（3）转向器、变速器、驱动桥的润滑油面应在规定范围内，通风孔应畅通；变速器、主减速器固定螺母紧固可靠。

（4）空气滤清器滤芯清洁有效。

（5）轮胎气压应符合充气规定，胎面无夹杂物。

（6）离合器踏板和制动踏板自由行程符合技术规定。

（7）灯光、仪表、喇叭、信号齐全有效。

（8）蓄电池电量充足，连接牢靠。

（9）车轮轮毂轴承无松旷。

（10）短途试车，检查维护效果。试车中，发动机、底盘运行正常，无异响；各操纵部位符合技术要求；转向、制动系统灵敏可靠；各部紧固无松动；试车后，检视各部无漏水、漏油、漏气和漏电现象。

项目 4　二级维护保养

1. 二级维护保养前的技术评定

汽车二级维护前，应对汽车进行仪器检测和人工检查，以诊断故障、判断技术状态，从而确定汽车在二级维护保养基本作业项目基础上的附加作业，是汽车技术状况评定的目的。汽车技术状况评定的基本方法如下：

（1）了解汽车的使用情况。向驾驶员询问汽车使用的情况（指发动机动力性能、各部异响、转向与制动性能、机油消耗以及车辆节油效果等）。

（2）查阅、参考汽车技术档案的有关内容。即查看汽车运行记录、维修记录、检测记录、总成修理记录以及维护保养周期内规律性小修情况。

（3）分析汽车检测与人工检查结果，确定故障。

2. 二级维护保养前的检测诊断项目

二级维护保养前的检测诊断项目见表 1–3。

表 1–3　二级维护保养前应进行的检测诊断项目

分类	序号	测试种类	检测项目
检测部分	1	发动机动力性能	无负荷功率；各缸功率平衡
	2	气缸密封情况	气缸压力
	3	发动机异响	曲轴轴承；连杆轴承；活塞；活塞销；配气机构
检查部分	1	发动机	发动机机油、水密封；曲轴前后油封漏油；散热器；水泵水封；水套漏水；曲轴轴向间隙（窜动量）；异响
	2	转向系统	转向盘自由行程；转向机性能及油封密封状态；路试转向稳定性（视情进行）
	3	传动系统	离合器工作情况；变速器、主减速器壳油封密封状态及壳体表面状况；路试变速器、传动轴各轴承；主减速器、差速器异响；变速器、差速器壳体温度
	4	行驶系统	轮胎偏磨；弹簧座、销、套磨损状况；车架裂伤、各部铆接状况
	5	仪表信号	仪表信号；机油压力；水温；充电指示灯
	6	其他	车身、驾驶室各钣金件开裂、锈蚀、变形、脱漆；锁止机构状况；牵引机构状况

3. 二级维护保养前的技术评定与附加作业项目的确定

车辆二级维护保养附加作业项目确定依据见表 1–4。

表 1–4 车辆二级维护保养附加作业项目确定依据

<table>
<tr><th>分类</th><th>部位</th><th>检测结果</th><th>相关故障</th><th>附加作业项目</th></tr>
<tr><td rowspan="10">设备检查</td><td rowspan="10">发动机部分</td><td rowspan="10">1. 发动机功率值低于额定值的 75%；
2. 气缸压力低于规定值的 80%；
3. 各缸功率不平衡；
4. 机油压力低：
怠速：<0.2 MPa
中速：<0.4 MPa；
5. 缸内窥查，活塞烧顶，气缸拉缸；
6. 曲轴轴承异响；
7. 活塞销异响；
8. 敲缸异响；
9. 气门异响。</td><td>（1、2、3）气门封闭不严</td><td>调整气门间隙，研修气门</td></tr>
<tr><td>（2）活塞环磨损，端隙或侧隙增大，活塞环折断</td><td>更换活塞环</td></tr>
<tr><td>（2、8）气缸磨损，活塞与气缸配合间隙大</td><td>检查、测量气缸，选配活塞，视情镗缸</td></tr>
<tr><td>（2、5、8）活塞烧顶，严重拉缸</td><td>更换活塞，检查气缸状况</td></tr>
<tr><td>（6）曲轴主轴承、连杆轴承配合间隙增大，出现异响</td><td>拆检、调整轴承间隙，检查曲轴轴径磨损，测量其圆度、圆柱度。视情磨削</td></tr>
<tr><td>（1）凸轮轴正时齿轮磨损，凸轮磨损</td><td>拆检正时齿轮、凸轮轴</td></tr>
<tr><td>（1、3）点火系统故障</td><td>调整参数，视情需要更换火花塞、点火线圈</td></tr>
<tr><td>（7）活塞与活塞销或连杆铜套的配合间隙增大，出现异响</td><td>拆检活塞与活塞销或连杆铜套的间隙，视情更换</td></tr>
<tr><td>（4）机油压力低，曲轴轴承配合间隙增大、有异响</td><td>拆卸有关部位进一步检查，视情修理</td></tr>
<tr><td>（9）气门间隙过大，配气机构磨损超限</td><td>调整气门间隙，检查配气机构，视情处理</td></tr>
<tr><td rowspan="10">人工检查</td><td rowspan="7">发动机</td><td rowspan="3">配气机构异响</td><td>气门弹簧折断</td><td>更换气门弹簧</td></tr>
<tr><td>凸轮轴轴承响</td><td>拆检凸轮轴轴承</td></tr>
<tr><td>正时齿轮磨损</td><td>更换正时齿轮</td></tr>
<tr><td>曲轴轴向间隙大</td><td>曲轴止推片磨损</td><td>更换止推片</td></tr>
<tr><td>曲轴油封漏油</td><td>油封失效</td><td>更换油封</td></tr>
<tr><td>水泵异响</td><td>水泵轴轴承损坏或水泵轴折断</td><td>拆检水泵，更换轴承或水泵</td></tr>
<tr><td>发动机过热</td><td>散热器水管阻塞</td><td>拆检、疏通散热器水管</td></tr>
<tr><td rowspan="2">离合器</td><td>离合器工作不良</td><td>离合器打滑，摩擦片磨损，分离不彻底，结合不平稳</td><td>拆检离合器，检查更换摩擦片或回位弹簧</td></tr>
<tr><td>离合器分离轴承异响</td><td>轴承损坏</td><td>更换分离轴承</td></tr>
<tr><td>变速器</td><td>变速器异响或规律性小修频率增加</td><td>轴、齿轮、衬套磨损或断裂损坏</td><td>拆检变速器</td></tr>
</table>

续表

分类	部位	检测结果	相关故障	附加作业项目
人工检查	驱动桥	减速器主、从动齿轮啮合间隙增大或伴有异响	齿面磨损或啮合间隙大	调整啮合间隙，检查齿面接合状况
		差速器、主减速器异响	齿轮啮合不当或断齿	拆检主减速器和差速器
	转向机	转向盘自由行程过大，转向卡滞，沉重	啮合间隙大，齿面磨损，滚珠道磨损卡滞	调整转向盘自由行程，拆检转向机
	其他	传动轴中间轴承异响，松旷	径向旷量大或轴承粘着磨损	拆检、更换中间轴承
		驻车制动器不能有效制动	后轮制动摩擦片磨损	拆检、更换摩擦片
		车身损坏，变形，大面积脱漆	钣金件开裂，锈蚀	整修、焊补、补漆
		轮胎偏磨	前轴变形，转向节主销松旷，桥体部位变形	调校前轮定位，拆检、更换胶套，校正或更换变形部件
		变速器、转向机、驱动桥壳各油封严重漏油	油封老化，密封不良	更换油封
综合评定	发动机或整车	发动机动力下降，可靠性下降，机油、燃油消耗增加，底盘和车身综合技术状况劣化		发动机总成修理或整车大修

4. 二级维护保养的基本作业项目

二级维护保养基本作业项目见表 1–5。

表 1–5　二级维护保养基本作业项目

分类	维护保养项目
发动机	1. 检查润滑系统、燃油系统和冷却系统是否有渗漏现象
	2. 检查排气系统是否泄漏或损坏
	3. 更换发动机机油和机油滤清器
	4. 检查冷却液液面高度及其防冻能力，必要时添加冷却液或调整冷却液浓度
	5. 检查 V 型皮带张紧度及皮带状况，必要时调整张紧度，如有损坏，应更换
	6. 清洗空气滤清器，必要时更换滤芯
	7. 检查、清洁火花塞，视情更换火花塞
	8. 更换燃油滤清器
传动系	9. 检查离合器踏板自由行程，必要时调整
	10. 检查变速器是否有泄漏现象
	11. 检查传动轴及等速万向节防尘套是否损坏

续表

分类	维护保养项目
转向系	12. 检查转向横拉杆球头固定情况、间隙及防尘套是否损坏
制动系及车轮	13. 检查制动系是否有泄漏或损坏
	14. 检查制动液液面高度，必要时添加制动液
	15. 检查制动蹄摩擦衬片或衬块的厚度，必要时更换
	16. 检查调整手制动装置
	17. 检查轮胎气压
	18. 检查轮胎花纹深度及磨损情况
	19. 检查车轮螺栓拧紧力矩
	20. 润滑发动机舱盖铰链及锁舌
	21. 润滑车门铰链及车门限位拉条
	22. 检查车身底部密封保护层是否损坏
电气系统及空调系统	23. 检查前照灯、警报灯、转向信号灯及喇叭的工作情况
	24. 检查、调整前大灯光束
	25. 检查风挡玻璃刮水器及清洗装置的工作情况
	26. 检查风挡玻璃清洗液液面高度，必要时添加清洗液
	27. 检查蓄电池电解液液面高度，必要时添加蒸馏水
	28. 检查空调系统是否泄漏
	29. 检查、清洁空调空气滤清器
路试	30. 检查车速表、行车制动器、换挡机构、转向机构及空调器的工作状况
其他	31. 每两年更换一次制动液

5. 二级维护保养工艺流程

汽车二级维护保养工艺流程如图 1–3 所示。

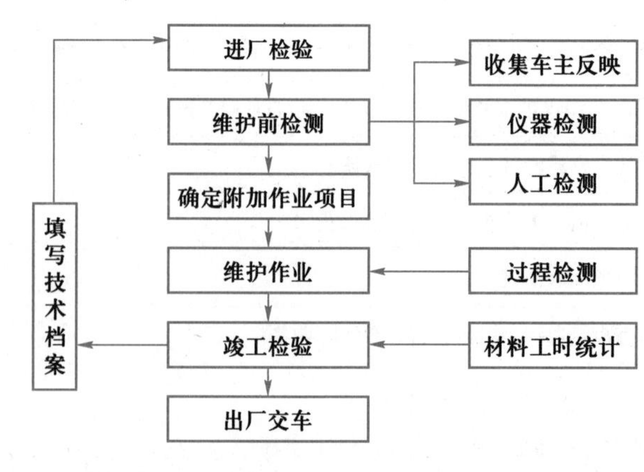

图 1–3
汽车二级维护保养工艺流程

6. 二级维护保养竣工标准

（1）发动机的“三滤”（指空气、燃油和机油三种滤清器）清洁，起动容易、运转均匀、排烟正常，水温、机油压力符合要求，转速升高或降低灵敏，无异常响声，各传动皮带齐全、张紧适度、无异常磨损。

（2）离合器踏板自由行程符合要求；离合器操纵轻便，分离彻底，结合平稳、可靠，无异常响声；液压操纵系统管路密封良好无泄漏，贮油罐液位正常，油质无混浊胶粘现象。

（3）变速器、驱动桥以及万向传动装置等，应润滑良好，连接可靠；无异常响声和过热现象；无跳挡、换挡困难现象；外部清洁，无漏油现象。

（4）转向盘自由行程和前轮前束符合要求；转向轻便、灵活、可靠，行驶时前轮无左右摆头和偏向一边的现象。

（5）制动踏板自由行程和制动器间隙符合要求；行车制动、驻车制动作用良好，无制动跑偏和制动拖滞的现象；制动系统无漏油、漏气现象，制动液无变质现象，且贮液量适当。

（6）轮胎气压正常，装配合理；悬挂减振系统整洁完好，固定可靠；轮毂轴承张紧度适当，润滑良好。

（7）蓄电池清洁良好，无泄漏，固定可靠。

（8）发电机、起动机、仪表、照明设备、信号系统、按钮、开关以及其他附属设备齐全、完整，工作正常；全车线路整齐完好，连接固定可靠。

（9）全车清洁，车身正直，漆层完好；无漏油、漏水、漏气和漏电现象。各润滑点润滑充分，各部连接紧固可靠。

项目5　走合期维护保养

1. 汽车在走合期的使用规定

为保证汽车的使用寿命，汽车在新投入使用时都应进行走合期的磨合，经过走合期维护保养后，才可投入正常使用。新车、大修车以及装用大修发动机汽车的走合期规定为：

（1）走合期里程 1 000~3 000 km。

（2）在走合期内，应选择较好的道路并减载限速运行。一般汽车按装载质量标准减载 20％ ~25％，并禁止拖带挂车；半挂车按装载质量标准减载 25％ ~50％。

（3）在走合期内，驾驶员必须严格执行操作规程，保持发动机正常工作温度。

（4）走合期内认真做好车辆日常维护保养工作，经常检查、紧固各外部螺栓、螺母，注意各总成在运行中的声响和温度变化，及时进行调整。

（5）走合期满后，应进行一次走合期维护保养，其作业项目和深度参照制造厂的要求进行。

（6）进口汽车按制造厂的走合期规定进行。

2. 走合期维护保养项目

新车和修复车在走合期满后，应进行一次走合维护保养。该维护保养一般由制造厂指定的维修厂家负责完成。其作业内容为清洁、检查、紧固和润滑工作，主要作业项目如下：

（1）更换发动机机油。

（2）更换机油滤清器。

（3）检查变速器和发动机的泄漏情况。

（4）检查发动机冷却液液位、制动液液位、风挡玻璃洗涤器液位等。

（5）检查下列部件的工作状况：

检查转向机、转向球头等转向系统；检查传动轴及前、后悬挂系统；检查轮胎气压；检查制动系的制动性能。

拓展资源
汽车维护保养概述

第二部分　维护保养岗位训练

学习目标

- 掌握作为一名维护保养工作人员应具备的思想素质。
- 掌握职业素质的十大原则。
- 掌握工作安全的注意事项和险情处理方法。
- 掌握工量具的正确使用方法。
- 了解保质工作的基本要求。

考核标准

- 在工作中能够熟练、正确地按要求进行工量具、举升机的正确使用。
- 能够独立完成练习题目。

实训准备

场　地：理实一体化多媒体实训室

设　备：两柱式举升机、工作台

车　辆：每小组配备一台实训用车

备　品：工作服、工作鞋、手套、座椅套、转向盘套、脚垫、变速杆套、翼子板布、前盖、车轮挡块、车辆维修手册

实训 1　素 质 训 练

电子教案
维护保养岗位训练

电子课件
维护保养岗位训练

项目 1　思想素质训练

小贴士

维修保养工作需要培养工作热情，热爱本职工作，从客户利益出发，为客户提供满意服务而自豪。

在工作过程中要做到：

1. 态度热情
2. 准确可靠
3. 快捷高效

首先，树立“客户第一”的理念。

• 尽最大努力提供一流服务来提高客户的满意度。包括一流的技术和一流的工作热情。

• 要经常想到我做什么才能提高客户的满意度，然后将其付诸实践，想客户所想。

• 应提供高效、高度可靠的服务。

• 在整个工作过程中态度认真。

• 在维修服务中出现的任何问题，要及时与客户沟通并提出专业的建议。

其次，需达到引以自豪和能承担起责任的专业标准。

• 要理解自己的职责，通过自己的努力使客户的汽车能一直保持在最佳状态。

• 为自己的工作自豪，汽车的技术状况直接关系到人的生命及财产的安全，这是非常重要的工作。

• 尽自己最大的努力做好每一项工作，要为自己所做的工作负责，不管是什么工作。

• 要努力地在工作中提高自己。要有提高意识，始终研究比以往更有效、更准确、更舒适、成本更低的工作方法，然后将每一项提高都运用到工作中。

• 努力提高自己的技能。不断地通过向书本学习、向师傅学习，不断提高自己，以便更好地维修汽车。

训练与思考

1. 怎样做才能把“客户第一”的理念付诸实践？

1	
2	
3	
4	
5	

2. 怎样做才能达到使自己值得自豪和能承担起责任的专业标准？

1	
2	
3	
4	
5	

项目 2　职业素质训练

职业素质十大要素

作为一名汽车专业技术人员，必须具有良好的职业素质，以下十大基本要素必须时刻记在心中，并且每天都要将它们应用到实际工作中，将会有助于更加高效地进行工作。

小贴士

大国工匠的养成，在于工作规范，精益求精。

1. 职业化的形象

- 穿干净的制服。
- 穿防护鞋。

2. 爱护车辆

- 要使用座椅套、翼子板布、前盖、转向盘套和脚垫。
- 小心驾驶客户车辆。
- 不要在客户车内抽烟。
- 切勿使用客户车辆音响设备或车内电话。
- 尽可能少地起动客户的车辆。
- 拿走留在车上的垃圾和零件。

3. 整洁有序

保持车间（地面、工具台、工作台、仪表、测试仪等）的整洁有序，做到：

- 打扫、清洗和擦拭地面、工具台、工作台、仪表、测试仪等。
- 拿开不必要的物件。
- 保持零部件和材料整齐有序。
- 汽车停放标准。

4. 安全生产

- 正确地使用工具和设备（汽车举升机、千斤顶、研磨机等）。
- 注意防火，工作时切勿抽烟。
- 切勿搬运太重的物件，以免使自己受到伤害。

5. 计划和准备

- 确认工作内容。
- 确认客户的要求。若出现返工的情况，要特别注意沟通。
- 如果除了规定的工作外还有其他工作，只有在得到客户的同意后方可进行。
- 做好工作计划（工作程序和准备）。
- 确认库存有所需的零部件。
- 按维修单工作。

6. 快速、可靠地工作

- 使用正确的 SST（专用维修工具）和测试仪。
- 根据维修手册、电子线路图和诊断手册进行工作，避免主观猜测。

- 及时掌握最新技术信息。
- 如果发现车辆还有不包括在维修条款内的其他地方需要维修，应询问主管人员。
- 尽可能运用所学技能。

7. 按时完成

- 按时完成工作，再次检查一下工作内容。
- 如果将推后（或者提前）完成任务，或者需要做其他工作，请通知负责人员。

8. 工作完成后要检查

- 确认主要项目已完成。
- 确认已完成所有其他需要做的工作。
- 确认车辆是清洁的。
- 将驾驶员座椅、转向盘和反光镜调回到最初位置。
- 如果钟表、收音机等的存储被删除，请重新设置。

9. 保存旧零件

- 将旧的零件放在塑料袋或者空零件袋中。
- 将旧零件放在规定的地方。

10. 后继工作

- 填写维护保养工单（写下所做项目、检查结果等）。
- 未列在维修单上的任何其他信息必须通知负责人员。
- 在工作中所注意到的任何异常情况告知负责人员。

训练与思考

为提高职业素质，我应该做到：

序号	内容
1	
2	
3	
4	
5	
6	
7	
8	
9	
10	

实训 2　工位要求训练

项目 1　安全要求训练

工作中，要始终注意安全，防止伤害的发生。首先要防止自己的人身安全受到伤害，其次要防止维修的车辆受到伤害。为此，应注意以下几个方面：

1. 工作着装

（1）工作服

为防止事故的发生，工作服必须结实、合身，以便于工作。为防止工作时损坏汽车，不要暴露工作服的带子、纽扣，不要裸露皮肤，防止受伤或烧伤。

（2）工作鞋

工作时要穿安全鞋。不要穿着皮鞋或运动鞋，易摔倒，还易使穿戴者因为偶然掉落的物体而受到伤害。

（3）工作手套

提升重的物体、拆卸热的排气管或类似的物体、进行力矩检查时，应戴上手套。

2. 在车间内

（1）始终保持工作场地干净，使自己和其他人免受伤害。

（2）将工具或零件放置在工作架或工作台上，不要留在你或者其他人有可能踩到的地方，并养成良好习惯。

（3）立即清理干净任何飞溅的燃油、机油或者润滑脂，防止自己或者他人滑倒。

（4）工作时要采取舒服的姿态，会提高工作效率，而且减轻疲劳程度。

（5）小心处理沉重的物体，如果它们跌落到你的脚上你可能会受伤。而且，如果试图举起一个对你来说太重的物体，你的背部可能会受伤。

（6）从一个工作地点转移到另外一个工作地点时，一定要走指定的通道。

（7）不要在开关、配电盘或电机等附近使用可燃物。

使用工具工作时，应遵守如下的预防措施来防止发生伤害：

① 正确使用电气、液压和气动设备；

② 使用操作过程中会产生碎片的工具前，应戴好护目镜。使用过砂轮机和钻孔机一类的工具后，要清除其上的粉尘和碎片；

③ 操作旋转的工具或者在有旋转工具的地方工作时，不要戴手套。手套可能被旋转的物体卷入，伤到你的手；

④ 用升降机升起车辆时，初步提升到轮胎稍微离开地面为止。然后，在完全升起之前，确认车辆牢固地支撑在升降机上。升起后，千万不要试图摇晃车辆，避免车辆跌落，造成严重伤害。

3. 防火

必须采取如下的预防措施来防止火灾：

（1）了解灭火器的位置和使用方法。

（2）如果火灾警报响起，所有人员应当配合扑灭火焰。

（3）在非吸烟区不要吸烟。

（4）在机油存储地或可燃的零件清洗剂附近，不要使用明火。

（5）千万不要在处于充电状态的电池附近使用明火或产生火花，那里常产生易燃的爆炸性气体。

（6）仅在必要时才将燃油或清洗溶剂携带到车间，携带时还要使用能够密封的特制容器。

（7）将可燃性废机油或汽油倒入排液罐或者合适的容器内。

（8）在燃油泄露的车辆没有修好之前，不要起动该车辆上的发动机。修理燃油供给系统时，应当从蓄电池上断开负极电缆以防止发动机被意外起动。

4. 电气设备安全措施

不正确地使用电气设备可能导致短路和火灾。要学会正确使用电气设备并认真遵守以下防护措施：

（1）发现电气设备有任何异常，应立即关掉开关，并联系管理人员。

（2）电路中发生短路或意外火灾，在进行灭火步骤之前应首先关掉开关。向管理人员报告不正确的布线和电气设备安装情况。

（3）有任何熔丝熔断都要向上级汇报，因为熔丝熔断说明有某种电气故障。

注意：

- 不要靠近断裂或摇晃的电线。
- 不要用湿手接触任何电气设备。
- 不要触摸标有“发生故障”的开关。
- 拔下插头时，不要拉电线，而应当拉插头本身。
- 不要让电缆通过潮湿或浸有油的地方；不要让电缆通过炽热的表面，或者尖角附近。
- 在开关、配电盘或马达等附近不要使用易燃物。

5. 险情报告

险情报告项目

1	**脱开或将要脱开**
2	**撞上或将要撞上**
3	**夹住或将要夹住**
4	**跌倒或将要跌倒**
5	**卡住或将要卡住**
6	**提升工具断裂或将要断裂**
7	**爆炸或将要爆炸**

续表

8	被电击或将要被电击
9	起火或将要起火
10	其他

互相交流在日常工作中亲身经历的险情。互相陈述险情是如何发生的，目的是为了防止别人重蹈覆辙。然后要分析导致这些危险情况发生的因素，以及采取适当措施来创造一个更安全的工作环境。如果你遇到上面列出的情况之一时，必须采取如下措施：

（1）将情况向主管人员汇报。

（2）记录事情发生的经过。

（3）让每个人慎重对待这个问题。

（4）让每个人考虑应当采取的对策。

（5）制作险情提示牌，并放置在每个人都能够看得到的地方。

训练与思考

为保证安全，在工作中我应做到以下几点：

1	
2	
3	
4	
5	

项目 2　常规要求训练

为确保汽车维护保养的质量和工作效率，应该认真执行以下几个方面：

1. 整合资源

根据必要性，合理组织和利用所有的资源，包括工具、零件或信息等，使其处于合理位置。

2. 有序摆放

为了使用方便，应将物品有序摆放：

（1）将很少使用的物品放在单独的地方。

（2）将偶尔使用的物品放在你的工作场地。

（3）将常用的物品放在你的身边。

3. 干净清洁

始终使工作场地内所有物品保持干净，永远使设备处于完全正常的状态，以便随时可以使用。要养成保持工作场地清洁的好习惯。

4. 环境控制

为了提高工作效率，防止意外事情发生，应对整个工作场所进行合理布置，通过对各种物品进行分类，清除不必要的物品使你的工作场所保持干净。

颜色、形状以及各种物品的布局、照明、通风、陈列架以及个人卫生等都有助于使工作环境保持清洁。

5. 自我提高

不断学习规章制度、专业技术，不断端正工作态度，学会尊重他人，使他人感到心情舒畅，树立团队作风。

训练与思考

为保证维护保养的质量，我应该做到如下几点：

1	
2	
3	
4	
5	

实训 3　车辆防护训练

微课　1
车辆防护

车辆维护保养之前要做好如下安全和准备工作（图 2–1）：

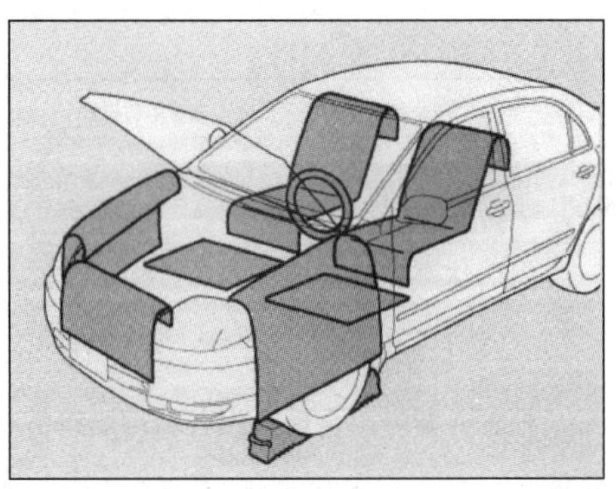

图 2–1

1. 整理好工具、工作台，准备好备品、维修手册。

2. 将车辆正确驶入维护保养工位。

3. 用车轮挡块挡住车轮。

4. 在驾驶员座椅处：

（1）放上座椅套。

（2）放上脚垫。

（3）放上转向盘套。

（4）放上变速杆套。

（5）打开发动机盖（通过拉动发动机盖释放手柄）。

5. 在车辆的前部：

（1）放上翼子板布。

（2）打开发动机盖。

（3）放上前盖。

实训 4　车辆举升训练

微课　2
举升机的使用

图 2-2

将两柱式举升机四臂张开（图 2-2）。

小贴士

近几年出现的埋藏式举升机的使用方法与两柱式举升机基本相同，四柱式举升机不适合进行汽车维护保养操作。

图 2-3

将车辆推入工位（图 2-3）。

图 2-4

寻找车辆支撑点，将两柱举升机四支撑臂支撑在支撑点上（图 2-4）。

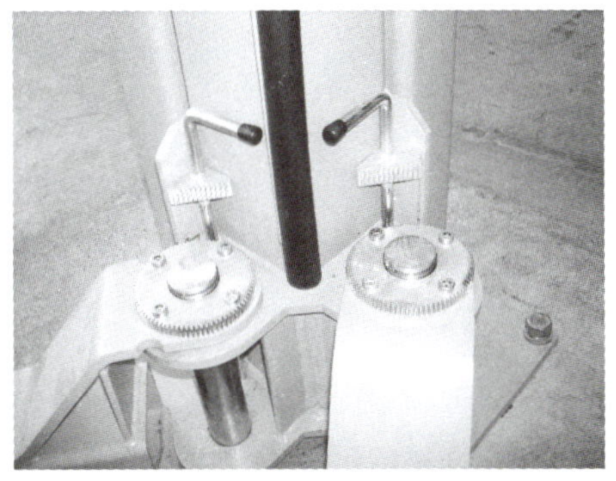

图 2-5

调整支撑点高度并将支撑臂锁止（图 2-5）。

图 2-6

提示他人：车辆举升，注意安全。

举升车辆，使四轮离地少许（图 2-6）。

图 2-7

前后左右用力晃动车辆，检查支撑情况（图 2-7）。

图 2-8

支撑良好，继续举升车辆到所需高度，进行举升机锁止（图 2-8）。

图 2-9

解除锁止，将车辆降至地面。移出支撑臂，向前推动车辆，以便于车辆离场（图 2-9）。

实训 5　常用工具、量具正确使用训练

项目 1　常用工具正确使用训练

根据尺寸位置和其他条件不同，有不同的工具可用于松开螺栓，要根据零件形状和工作场地选择适合的工具。

工具和测量仪器要放在容易拿到的位置，使用后要放回原来的正确位置；工具在使用后立即清洁并在需要的位置涂油；工具如需修理要立即进行，以便长期保持工具完好状态。

一、选择工具

1. 根据工作的类型选择工具

为方便拆下和更换螺栓、螺母，汽车修理中使用成套套筒扳手比较普遍。如果由于工作空间限制，不能使用成套套筒扳手，可按图 2-10 中成套套筒扳手、梅花扳手、开口扳手的实际尺寸选用。

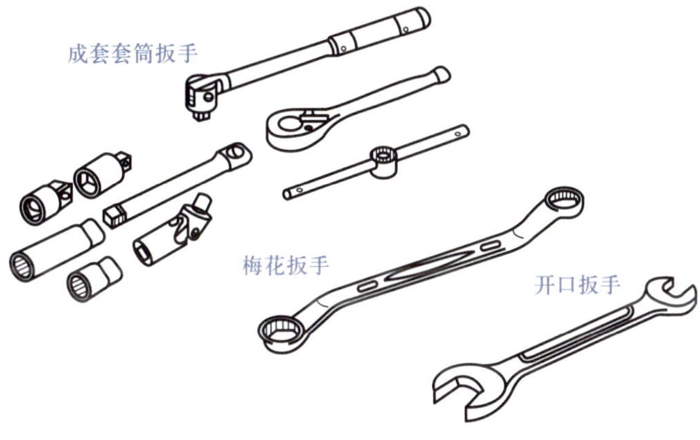

图 2-10
常用扳手

2. 根据工作进行的速度选择工具

套筒扳手的用处在于它能旋转螺栓、螺母而不需要重新调整，这就可以迅速转动螺栓、螺母。套筒扳手可以根据所安装的手柄以各种方式工作。

注意：

棘轮手柄适合在狭窄空间中使用，但由于棘轮的结构，它无法获得很高的扭矩；滑动手柄要求较大的工作空间，但它能提供最快的工作速度；旋转手柄在调整好手柄后可以迅速工作，但此手柄很长，很难在狭窄空间使用。

3. 根据旋转扭矩的大小选择工具

如果最后拧紧或开始拧松螺栓、螺母需要较大扭矩，那么应使用允许施加大力的扳手。

注意：

可以施加的力的大小取决于手柄的长度，手柄越长，则用较小的力可以得到较大的扭矩；如果使用了超长手柄，就有扭矩过大的危险，螺栓有可能折断。

4. 操作时的注意事项

（1）工具的大小和应用，如图 2-11 所示。

① 确保工具的直径与螺栓、螺母的头部大小相适合；

② 使工具与螺栓、螺母完全配合。

微课 3
力矩扳手的使用

（2）用力强度：始终转动工具，以便拉动它。如果由于空间限制无法拉动工具，用手掌推它，如图 2-12 所示。

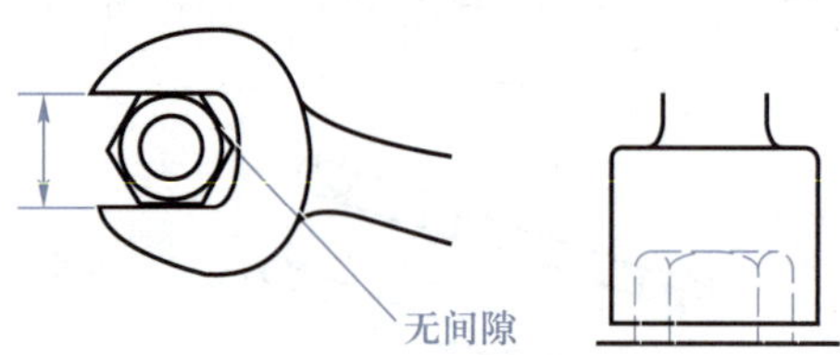

图 2-11
开口扳手和套筒的使用

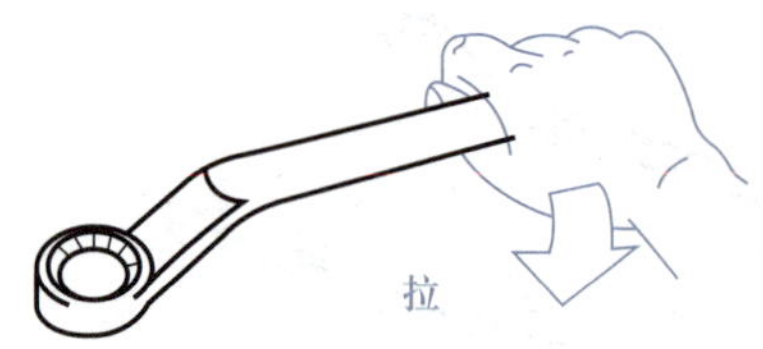

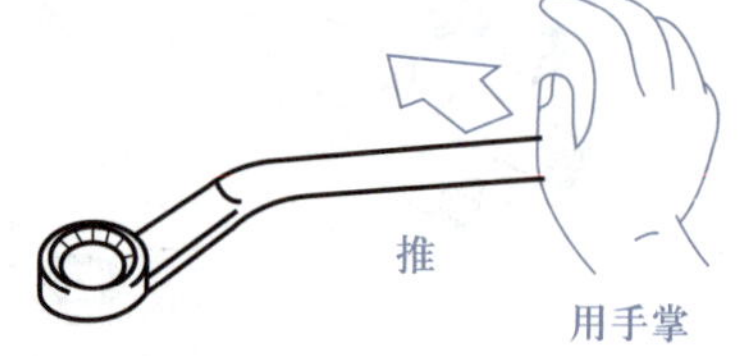

图 2-12
梅花扳手的使用

已经拧得很紧的螺栓、螺母可以通过施加冲击力最终拧紧。但是不能使用手锤和管子（用来加长轴）来增加扭矩。工具的错误使用如图 2-13 所示。

（3）使用扭力扳手：最后的拧紧始终用扭力扳手来完成，以便将其拧紧到标准值，如图 2-14 所示。

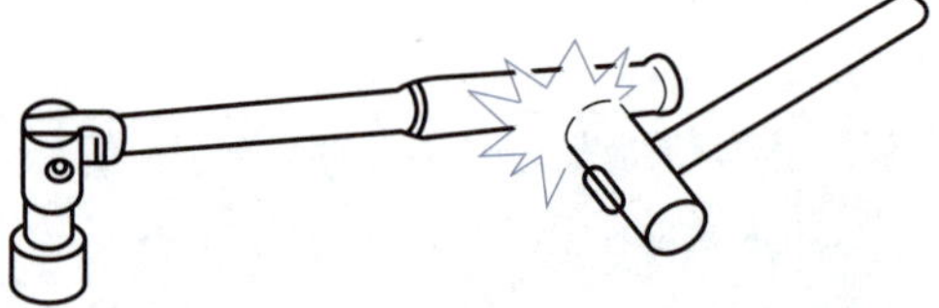

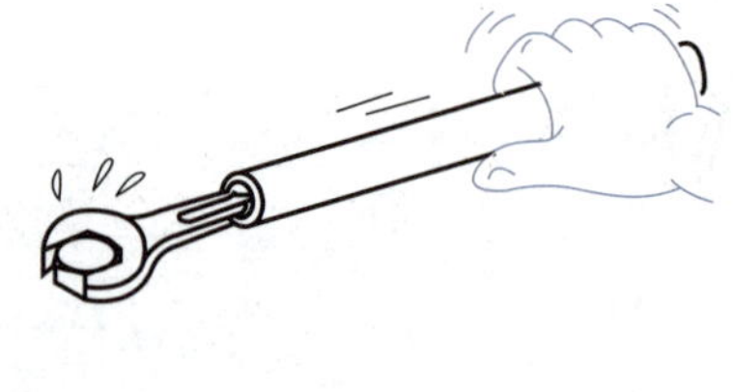

图 2-13
工具的错误使用

图 2-14
扭力扳手使用

二、套筒（成套套筒扳手，图 2—15）

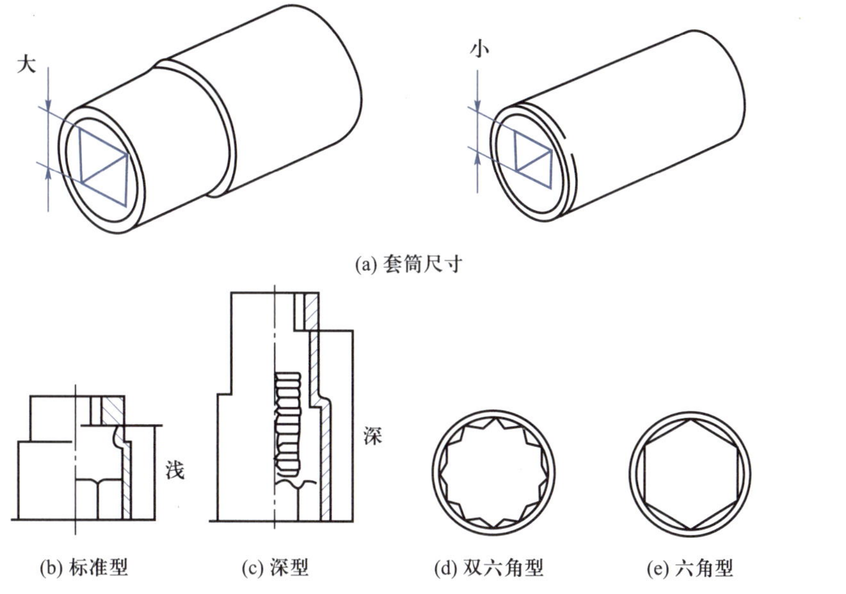

图 2-15
套筒扳手

根据工作状态装上不同手柄和套筒后，这种工具可以很轻松地拆下并更换螺栓、螺母。

1. 套筒尺寸

套筒有大、中和小三种尺寸，大尺寸套筒可以获得比小尺寸套筒更大的扭矩。

2. 套筒深度

套筒有两种类型——标准型和深型，后者比标准型深 2~3 倍。较深型套筒可用于螺栓突出的螺母。

3. 钳口

钳口有两种类型——双六角形和六角形。六角部分与螺栓、螺母的表面有很大的接触面，这样就不容易损坏螺栓、螺母的表面。

4. 套筒接合器

用作改变套筒方形套头尺寸的连接器，如图 2-16 所示。

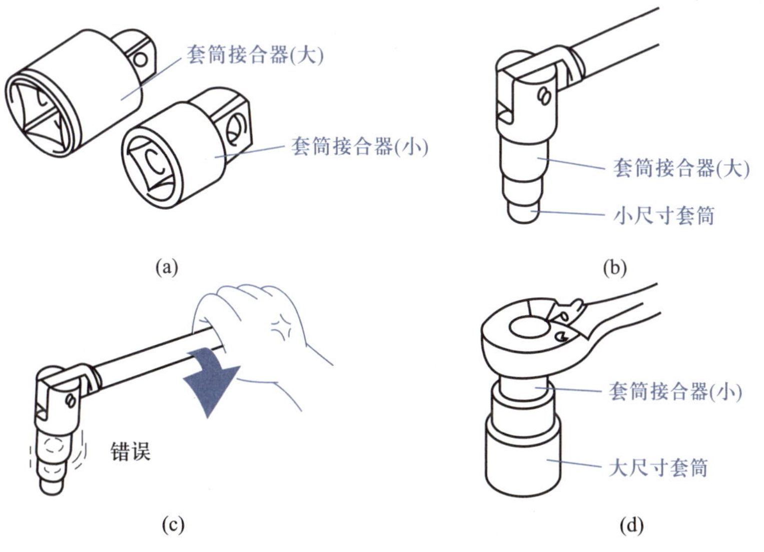

图 2-16
套筒接合器

注意：

超大力矩会将负载施加在套筒本身或小螺栓上，力矩要根据规定的拧紧极限施加。

5. 万向节

套筒的方形套头部分可以前后或左右移动，手柄和套筒扳手之间的角度可以自由变化，使其成为在有限空间内工作的有用工具，如图 2-17 所示。

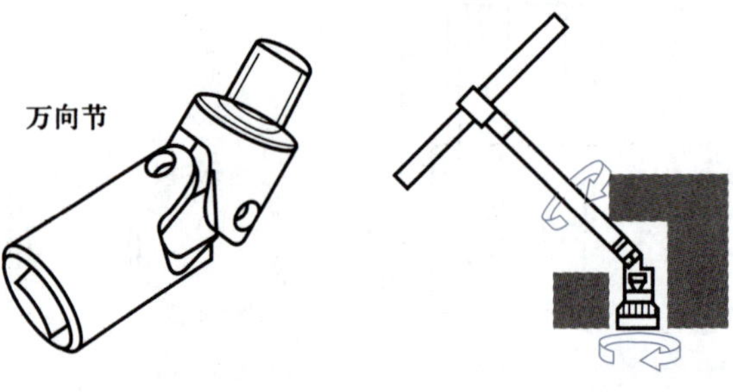

图 2-17
万向节的使用

注意：

不要使手柄倾斜较大角度来施加扭矩；勿用于风动工具。球节由于不能吸收旋转摆动而脱开，并会造成工具、零件或车辆损坏。

6. 加长杆

① 可用于拆下和更换装的太深、不易接触的螺栓、螺母。

② 加长杆也用于将工具抬离平面一定高度，以便于使用，如图 2-18 所示。

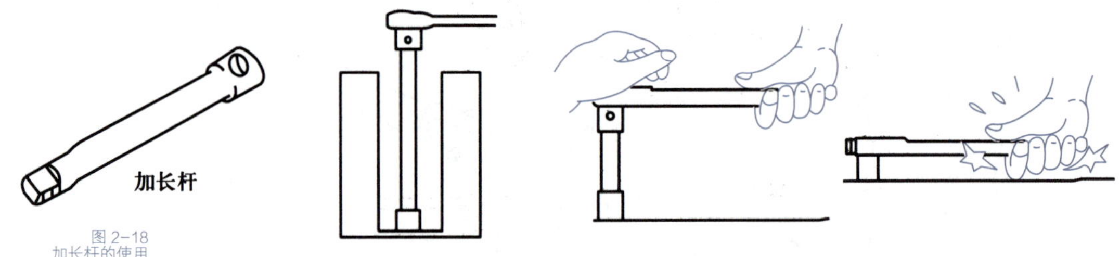

图 2-18
加长杆的使用

7. 旋转手柄

旋转手柄用于拆下和更换要求用大力矩的螺栓、螺母。

① 套筒扳手头部可做铰式移动，这样可以调整手柄的角度使之与套筒扳手相配合。

② 手柄滑动，允许改变手柄长度，如图 2-19 所示。

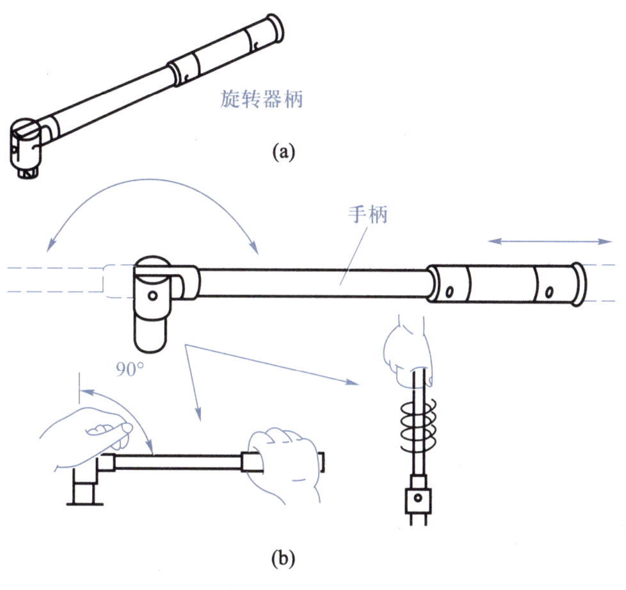

图 2-19
旋转手柄的使用

8. 滑动手柄

通过滑动套筒的套头部分，滑动手柄可以有两种使用用法，如图 2-20 所示。其中，L 形可改变扭矩，T 形可增加速度。

注意：

滑动手柄在使用时应在锁紧位置。如果不在锁紧位置上，手柄在工作时会滑进滑出，这样会改变操作人员的工作姿势并造成人身伤害。

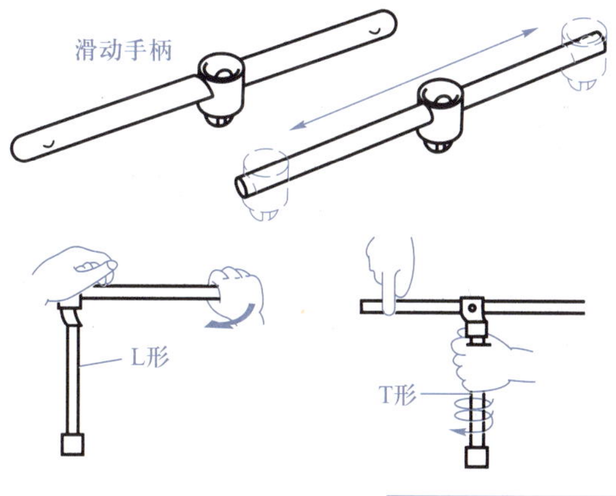

图 2-20
滑动手柄

9. 棘轮扳手

选择正反转旋钮将手柄往右转可以拧紧和拆卸螺栓、螺母。

① 螺栓、螺母不需要使用套筒扳手也可以单方向转动。

② 套筒扳手可以以小的回转角锁住，可以在有限的空间中工作，如图 2-21 所示。

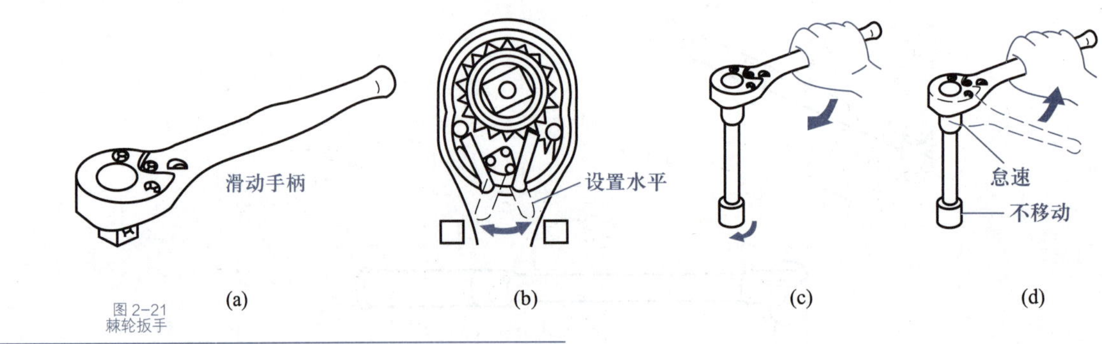

图 2-21
棘轮扳手

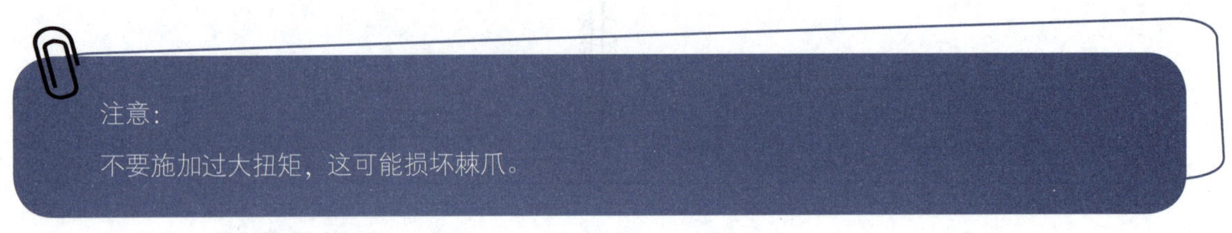

三、梅花扳手

梅花扳手用在补充拧紧和类似操作中，其可以对螺栓、螺母施加大扭矩，如图 2-22 所示。

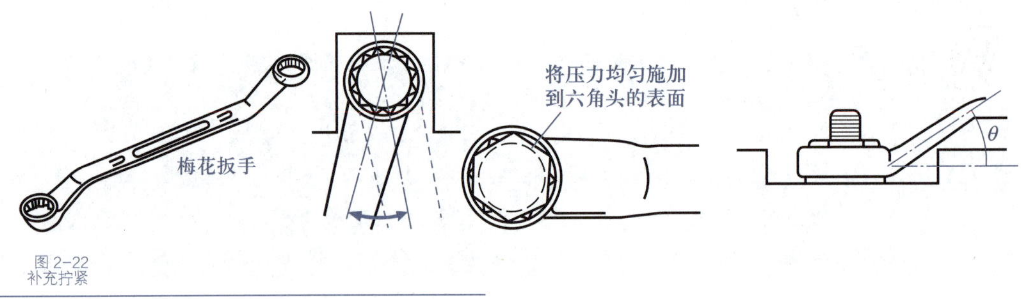

图 2-22
补充拧紧

① 因为扳手钳口是双六角形的，因此可以容易地装配螺栓、螺母，可以在一个有限空间内重新安装。

② 由于螺栓、螺母的六角形表面被包住，因此没有损坏螺栓角的危险，并可施加大扭矩。

③ 由于轴是有角度的，因此可用于在凹进空间里或在平面上旋转螺栓、螺母。

四、开口扳手

开口扳手用在不能用成套套筒扳手或梅花扳手拆除或更换螺栓、螺母的位置，如图 2-23 所示。

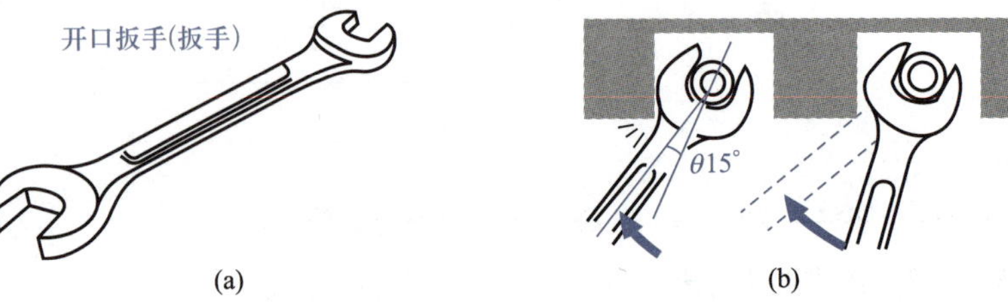

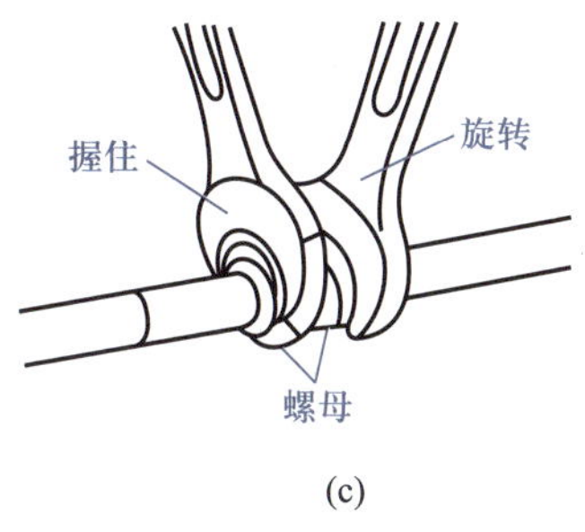

(c)

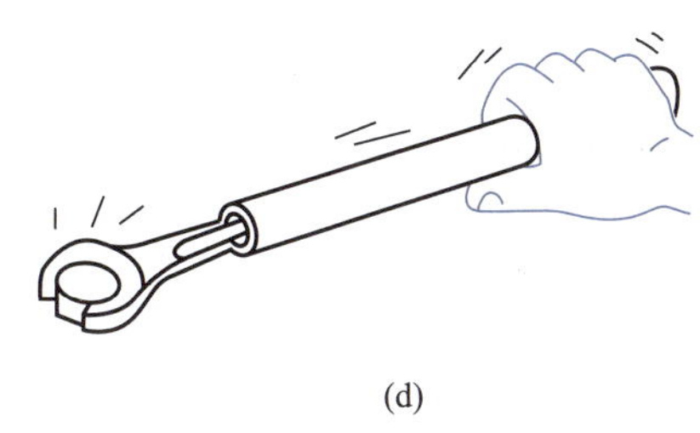

(d)

图 2-23
开口扳手的应用

① 扳手钳口以一定角度与手柄相连，这意味着通过转动开口扳手，可在有限空间中进一步旋转。

② 为防止相对的零件也转动，如在拧松一根燃油管时，可以用两个开口扳手去拧松一个螺母。

③ 扳手不能提供较大扭矩，因此不能用于最终拧紧。

注意：

不能在扳手手柄上接套管，这会造成扭矩超大，损坏螺栓或开口扳手。

五、可调扳手

适用于尺寸不规则的螺栓、螺母或压紧专用维修工具，如图 2-24 所示。

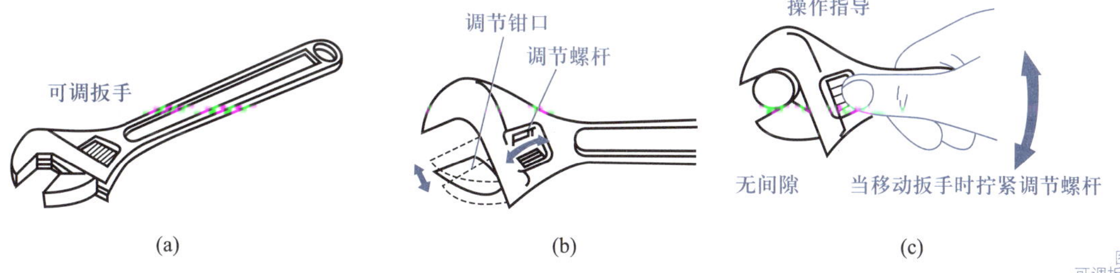

(a)　(b)　(c)

图 2-24
可调扳手使用

① 转动调节螺杆改变孔径，一个可调扳手可用来代替多个开口扳手。

② 不适于施加大扭矩。

③ 操作指导：转动调节螺杆，使孔径与螺栓、螺母头部配合完好。

注意：

使调节钳口在旋转方向上来转动扳手。如果不用这种方法转动扳手，压力将作用在调节螺杆上，使其损坏。

六、火花塞套筒

此工具专用于拆卸及更换火花塞，如图 2-25 所示。

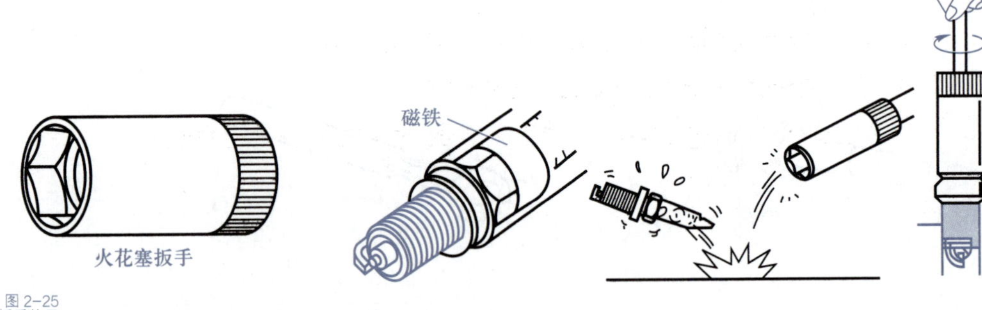

图 2-25
火花塞扳手使用

① 有多种尺寸，要配合火花塞尺寸。

② 扳手内装有一块磁铁，用以保持住火花塞。

注意：

磁铁虽然可吸住火花塞，但仍要小心不要使其坠落；

为确保火花塞正确地插入，首先要用手拧紧火花塞，再用扭力扳手拧到规定扭矩。规定的扭矩为 18 ~ 20N · m。

七、螺钉旋具

用于拆卸和更换螺钉。分正负型号，取决于尖部的形状，如图 2-26 所示。

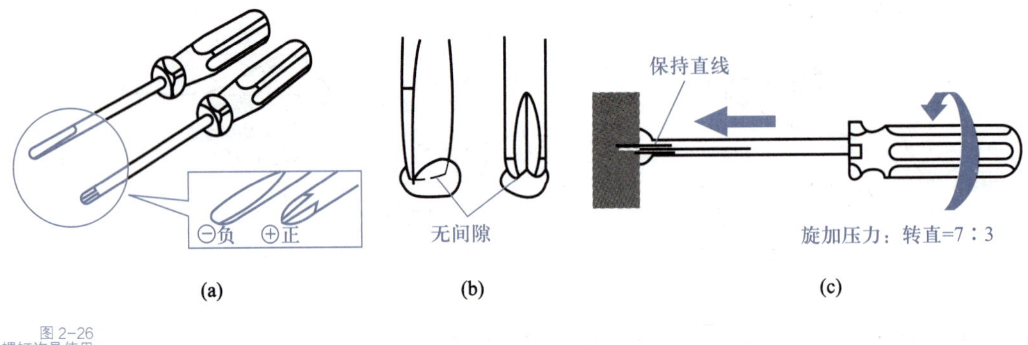

图 2-26
螺钉旋具使用

使用螺钉旋具，要与螺钉的凹槽大小合适；保持螺钉旋具与螺钉尾端成直线，边用力边转动。

按照用途选择螺钉旋具。虽然普通螺钉旋具使用最为频繁，但以下型号的螺钉旋具也有其特定用途。穿透螺钉旋具：用于上紧固定螺钉；短柄螺钉旋具：用在有限的空间内拆卸并更换螺钉；方柄螺钉旋具：用在需要大扭矩的地方；精密螺钉旋具：用于拆卸并更换小零件。

注意：

切勿用锂鱼钳或其他工具过度施加扭矩，这可能刮削螺钉的凹槽或损坏螺钉旋具尖头。

八、尖嘴钳

尖嘴钳用在密封的空间里操作或夹紧小零件，如图 2-27 所示。

① 钳子是长而细的，因此其适于在密封空间里使用。

② 嘴钳包括一个朝向颈部的刀片，可以切割细导线或从电线上去掉绝缘层。

注意：

切勿对钳子头部施加过大的压力，否则将造成损害，使其不能精密工作。

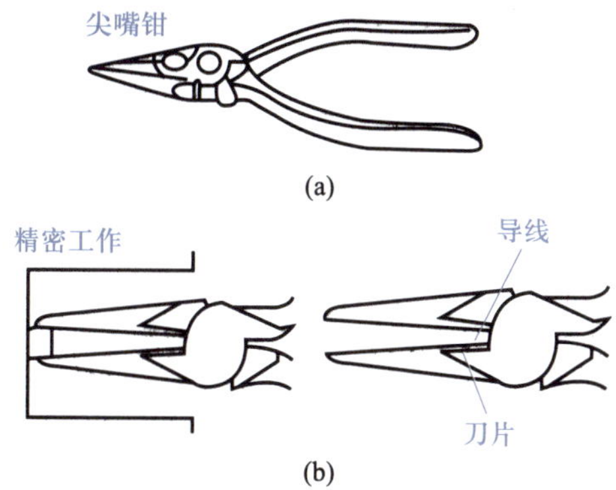

图 2-27 尖嘴钳

九、鲤鱼钳

鲤鱼钳如图 2-28 所示。

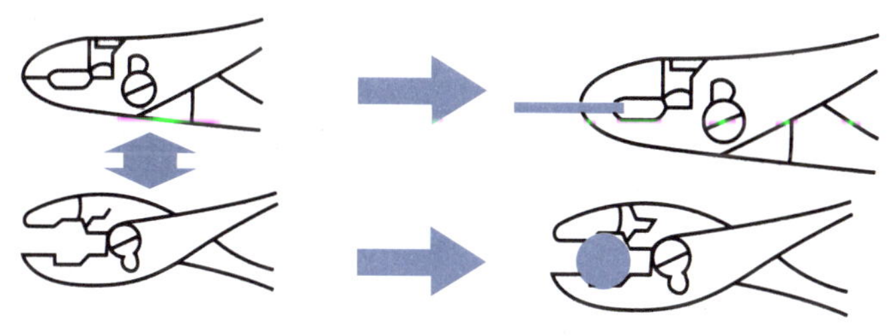

图 2-28 鲤鱼钳使用

① 改变支点上孔的位置，使钳口打开的程度可以调节。

② 可用钳口夹紧或拉动零件。

③ 可在颈部切断细导线。

注意：

在用钳子夹紧前，须用防护布或其他防护罩遮盖易损坏件。

十、剪钳

剪钳用于切割细导线。由于刀片尖部为圆形，它可用于切割细线，或者只选择所需的线从线束中切下，如图 2-29 所示。

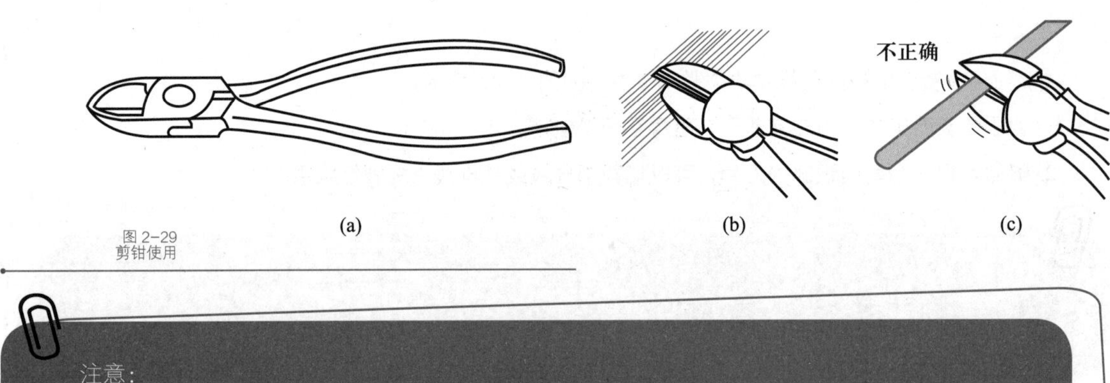

图 2-29
剪钳使用

注意：

不能用剪钳切割硬的或粗的线，这样做会损坏刀片。

十一、榔头

榔头可通过敲击来拆卸和更换零件，并且根据声音来测试螺栓的松紧度。榔头根据应用范围或材料，分为以下类型，并供使用，如图 2-30 所示。

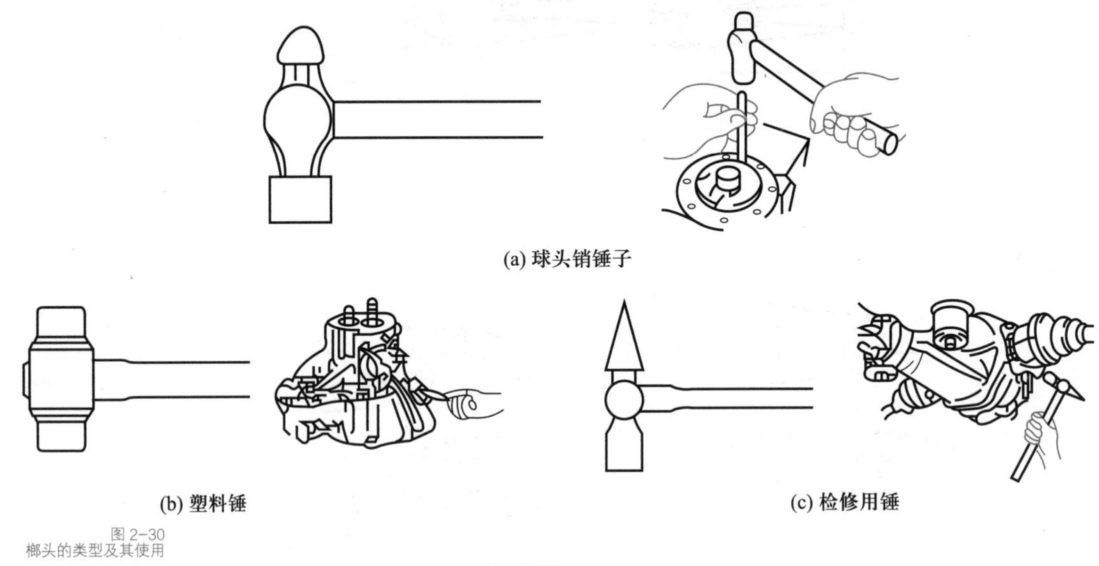

图 2-30
榔头的类型及其使用

① 球头销锤子：有铸铁头部。

② 塑料锤：有塑料头部，用于必须避免撞坏对象的地方。

③ 检修用锤：带有细长柄的小锤子，根据敲击时的声音和振动来测试螺栓、螺母的松紧度。

十二、黄铜棒

黄铜棒是用于防止锤子损坏零件的支撑工具，如图 2-31 所示。其用黄铜制成，所以不会损坏零件（因为零件变形前它将会先变形）。

注意：

如果尖头变形，用磨床研磨。

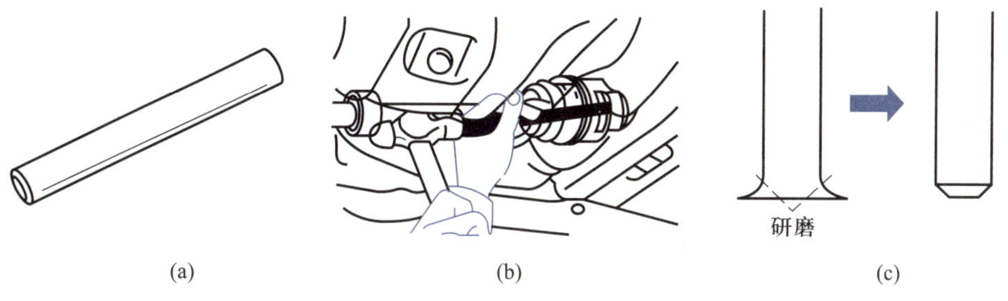

图 2-31
黄铜棒使用

十三、垫片刮刀

垫片刮刀用于拆卸气缸盖垫片、液态密封剂、胶粘物以及表面上的其他东西，如图 2-32 所示。

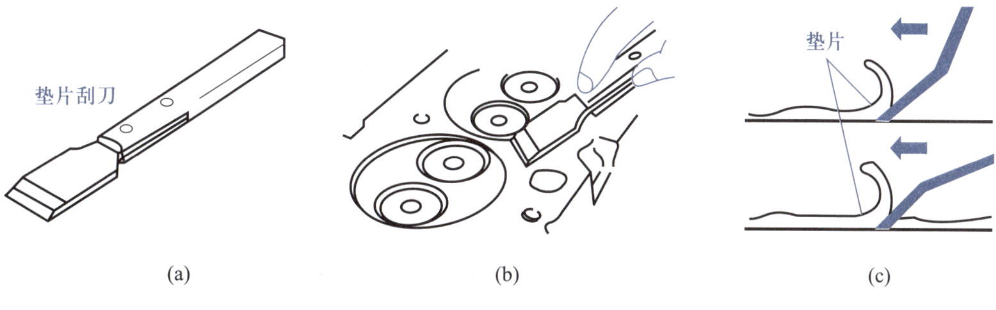

图 2-32
垫片刮刀使用

注意：

① 切勿把手放在刀片前。刀片可能会划伤操作人员。

② 切勿在磨床上把刀片磨得太锋利，可经常在油石上磨刀片。

十四、销冲头

销冲头用于拆卸和更换销子并调节销子，如图 2-33 所示。

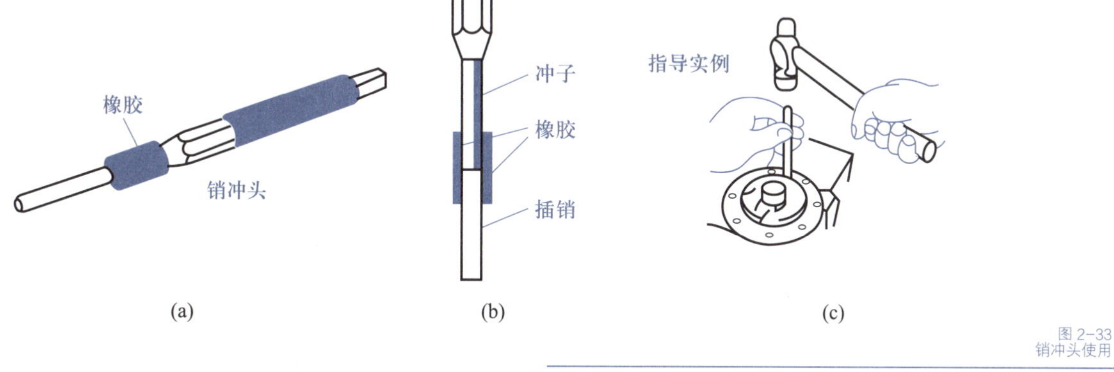

图 2-33
销冲头使用

注意：

对销子垂直用力；也可以将橡胶缓冲垫覆盖在冲头和销上，并且边用力边固定销。

十五、风动工具

风动工具使用压缩空气用于拆卸和更换螺栓、螺母。它们能使工作很快完成，如图 2-34 所示。

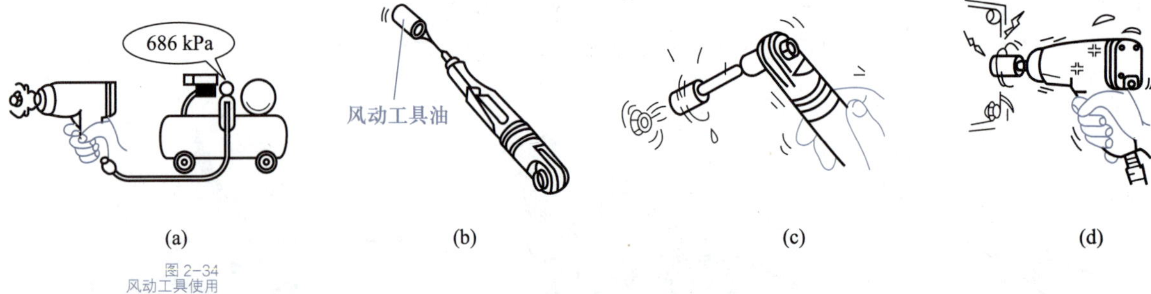

图 2-34
风动工具使用

注意：

① 要在正确的气压下使用风动工具。

② 定期检查风动工具并用风动工具油润滑、防锈。

③ 如果用风动工具从螺栓上完全取下螺母，则旋转力可使螺母飞出。

④ 先用手将螺母对准螺栓。如果一开始就打开风动工具，则螺纹会被损坏。不要拧得过紧，使用较小的力拧紧。

⑤ 使用扭矩扳手检查紧固扭矩。

微课　4
气动扳手的使用

十六、冲击式风动扳手

冲击式风动扳手用于要求较大扭矩的螺栓、螺母。扭矩可调到 4-6 级，旋转方向可以改变，与专用的套筒扳手结合使用。专用的套筒扳手经过专门加工，其特点是能防止零件从传动装置上飞出。切勿使用专用套筒扳手以外的其他套筒扳手，如图 2-35 所示。

注意：

在操作时，必须用两只手握住工具。因为冲击式风动扳手会释放大的扭矩，可能引起振动。

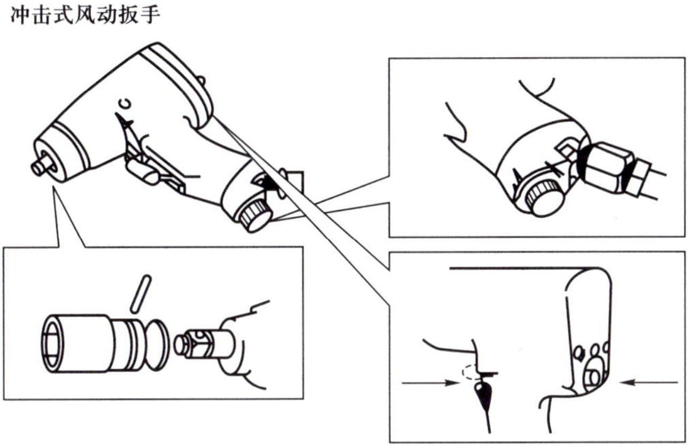

冲击式风动扳手

图 2-35
冲击式风动扳手使用

提示：

扭矩调整按钮和旋转方向按钮的位置和形状因制造厂的不同而有所区别。

项目 2　常用量具正确使用训练

根据所测量的零件尺寸、形状、精度和位置不同，选择符合要求的量具，在使用后立即清洁并在需要的位置涂油防锈。量具如需修理、校准要立即进行，以保持量具的精度。

一、测量要点

1. 测量前的检查要点

（1）清洁被测部件和测量仪器：废物或机油可能导致测量误差，测量前应清洁表面。

（2）选择合适的测量仪器：按照要求的精度水平选择测量仪器。如用游标卡尺测量活塞外径时，测量精度是0. 02mm，而要求精度0.01mm，所以此时不能用游标卡尺进行测量。即当精度要求高于量具测量精度时，不能选用此量具。

（3）零校准：检查零刻度是否对准其正确的位置，零校准是正确测量的基础。

（4）测量仪器的维修：定期进行维修和校准，如果测量仪器损坏，切勿继续使用。

2. 测量时的注意要点

（1）测量仪器与被测零件呈直角：朝向被测零件移动测量仪器的同时，压紧测量仪器与零件。

（2）用适当的量程：当测量电压或电流时，从高量程开始再往下调，从量程合适的表盘上读出测量值。

3. 读取测量值时的注意要点

读取测量值时，要注意确保眼睛视线与表盘和指针垂直。

二、扭矩扳手

扭矩扳手用于拧紧螺栓、螺母，使其达到规定的扭矩，如图 2–36 所示。

（1）预置型。通过旋转套筒可预设所要求的扭矩，当螺栓在这些条件下拧紧时，会听到咔嗒声，表明螺栓已达到规定的扭矩。

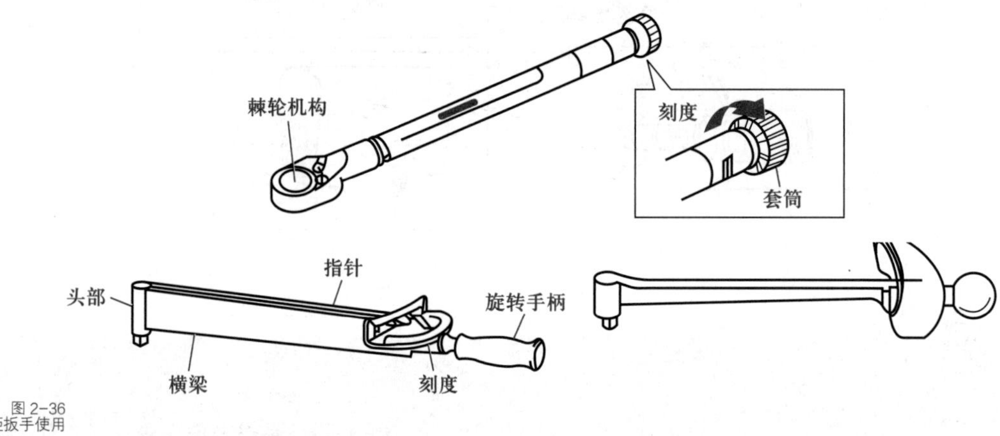

图 2–36
扭矩扳手使用

（2）指针式。扭矩扳手通过弯曲梁板，借助作用到旋转手柄上的力进行操作，此梁板由钢板弹簧制成，作用力可通过指标和刻度读出，以便取得规定的扭矩。

（3）小扭矩式。用于测量预负荷。在扭矩扳手拧紧前预先拧紧，这样工作效率高。如果从一开始就用扭矩扳手拧紧，则工作效率较低。

三、游标卡尺

游标卡尺可测量长度、外径、内径和深度，其结构及测量方法如图 2–37、图 2–38 所示。

量程：0~ 150mm，200mm，300mm；测量精度：0.05 mm。

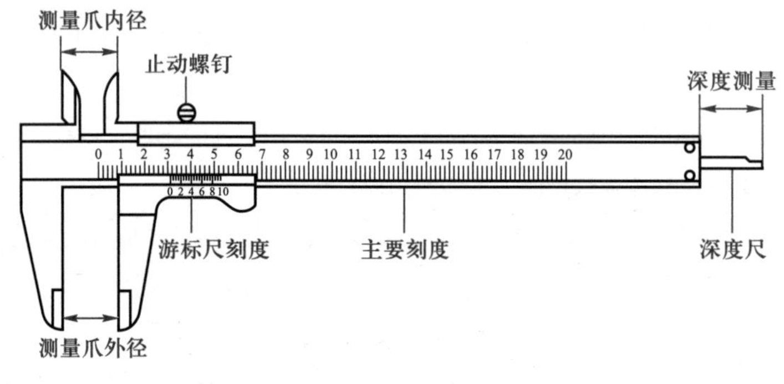

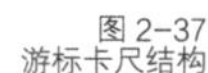

图 2–37
游标卡尺结构

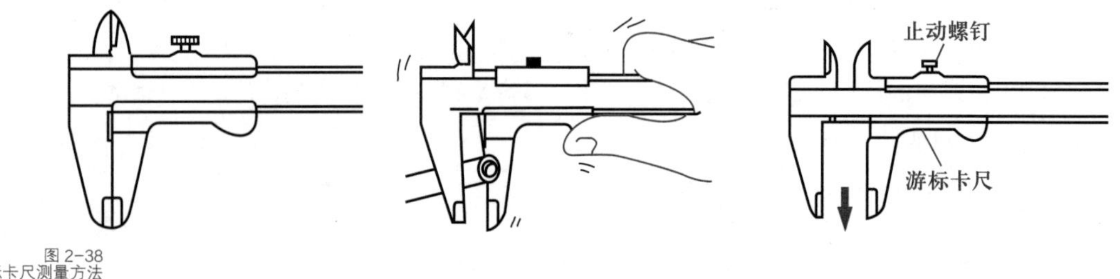

图 2–38
游标卡尺测量方法

（1）在测量前要完全合上量爪，并检查卡尺间是否有足够的间隙可看到光。

（2）在测量时，轻轻地移动卡尺，使零件刚好放在量爪间。

（3）一旦零件刚好放在量爪之间，用止动螺钉固定游标尺，以便更方便地读取测量值，如图 2-39 所示。

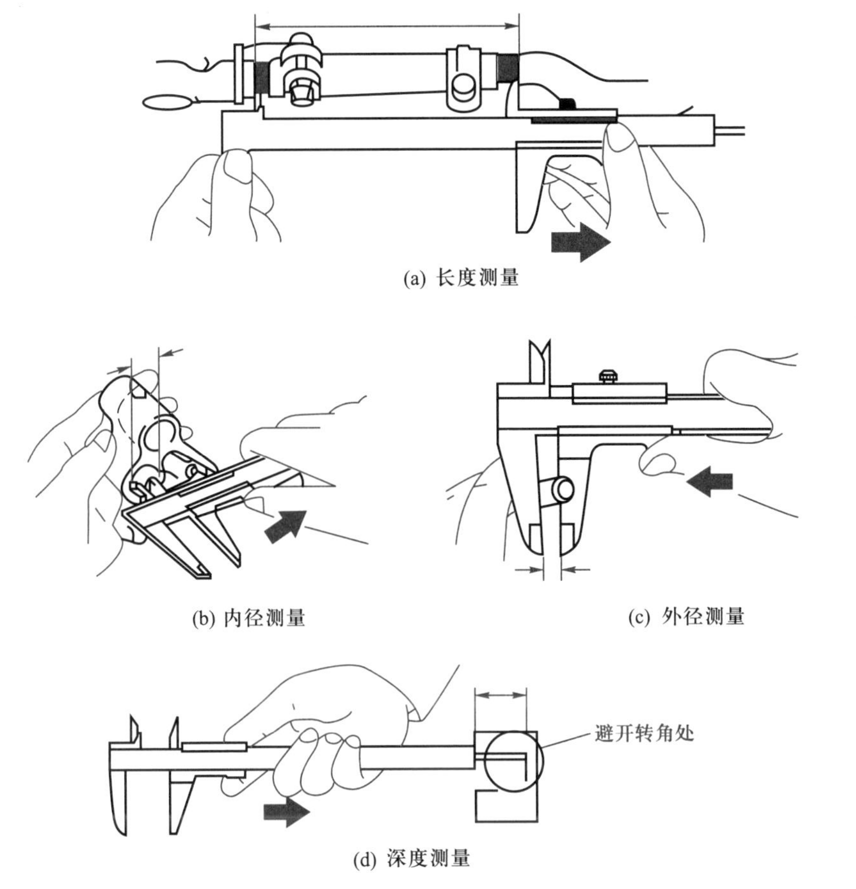

图 2-39
游标卡尺使用

四、千分尺

通过计算手柄方向上轴的均衡旋转来测量零件的外径、厚度。量程 0~25mm、25~50mm、50~75mm、75~100mm，测量精度：0.01mm，如图 2-40 所示。

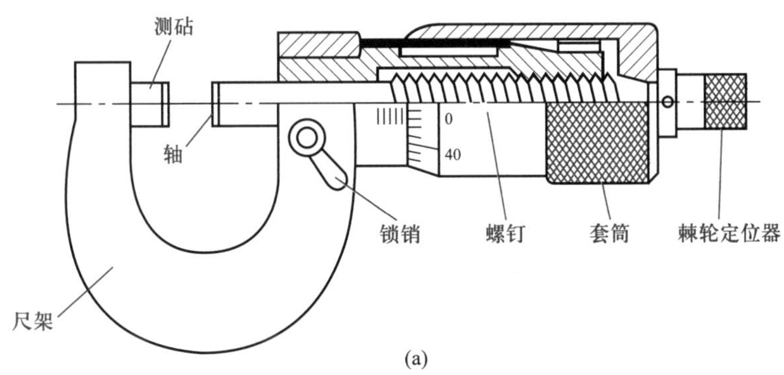

(a)

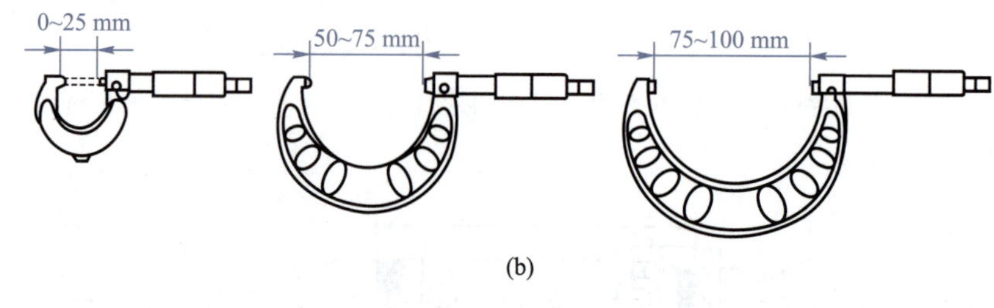

图 2-40
千分尺

（1）零校准。使用千分尺前，检查并确保零刻度已对准，如图 2-41 所示。

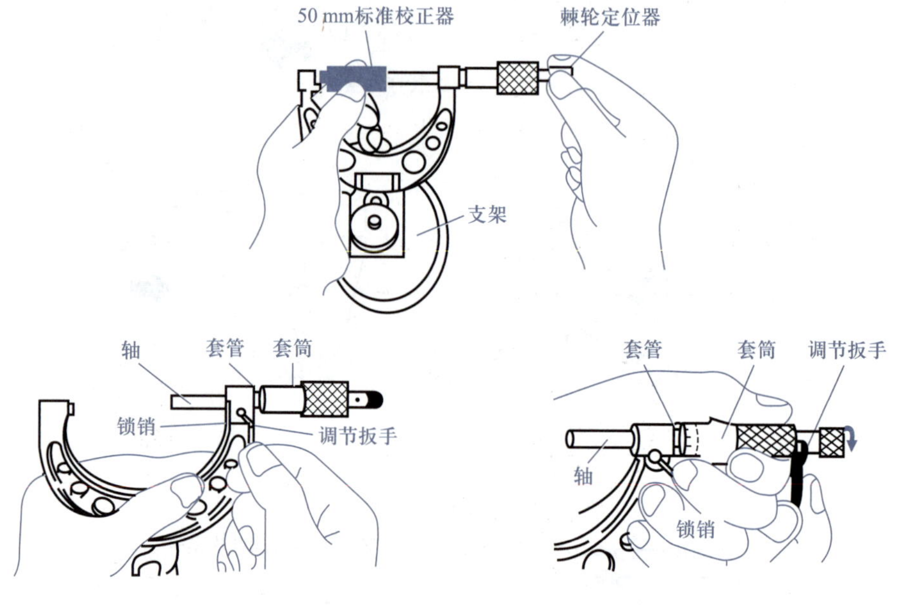

图 2-41
千分尺的使用

注意：

如果是图 2-40 中所示的 50~75 mm 的千分尺，在开口内放置一个标准的 50mm 校正器，并让棘轮定位器自由转动 2 ~ 3 圈。然后检查套管上的基准线与套筒的零刻度线是否对齐。

（2）调整

① 如果误差低于 0.02mm，使锁销啮合以便固定轴，然后使用图 2-41 中所示的调节扳手，以便移动和调整套管。

② 如果误差大于 0.02mm，使锁销啮合以便固定轴，用调节扳手按箭头方向松开棘轮定位器。然后将套筒的零刻度线与套管的基准线对齐。

（3）测量

① 将测砧抵住被测物，旋转套筒直到轴轻轻接触被测物。

② 一旦轴轻轻接触被测物，转动棘轮定位器几次并读出测量值。

③ 棘轮定位器使轴施加的压力均匀，当此压力超过规定值时，它便空转。

注意：

在测量小零件时，应把千分尺固定在支架上；通过移动千分尺，寻找可测得直径的正确位置。

五、百分表

百分表的悬挂式测量头的上下移动被转变为长短指针的转动，用于测量轴的偏差或弯曲以及法兰的表面振动等。

悬挂式测量头的类型如图 2-42 所示。

图 2-42（a）：长型，适合在有限空间中使用。

图 2-42（b）：辊子类型，用于轮胎的凸面、凹面图案。

图 2-42（c）：杠杆类型，用于测量摆不能直接接触的部件（配套法兰的垂直偏离）。

图 2-42（d）：平板类型，用于测量活塞突出部分等。

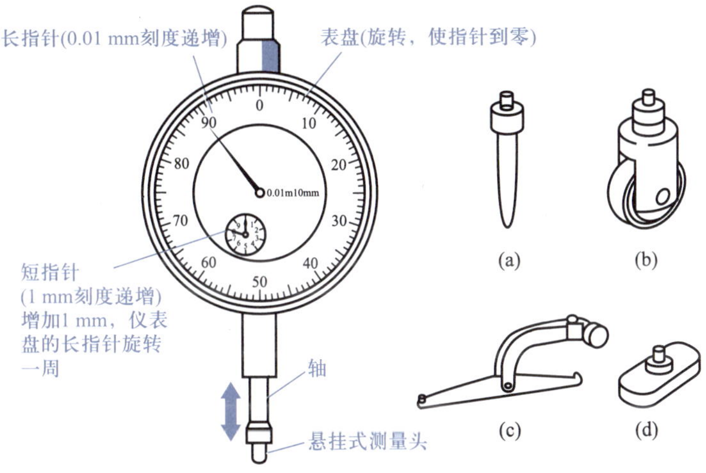

图 2-42
百分表

（1）测量。测量精度：0.01mm。

① 将其固定在磁性支架上使用。调整百分表位置和被测物体，并设置指针，使其位于移动量程的中心位置。

② 转动被测物并读出指针偏离值。

（2）读取测量值。表盘显示指针在表盘刻度内左右移动。

六、厚度规

厚度规用于测量气门或活塞环槽等的间隙，如图 2-43、图 2-44 所示。

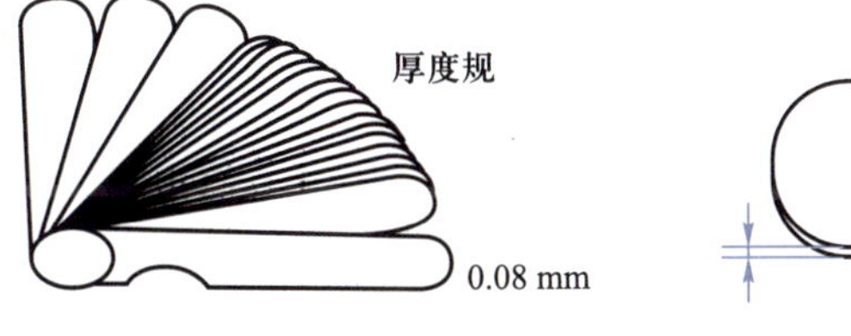

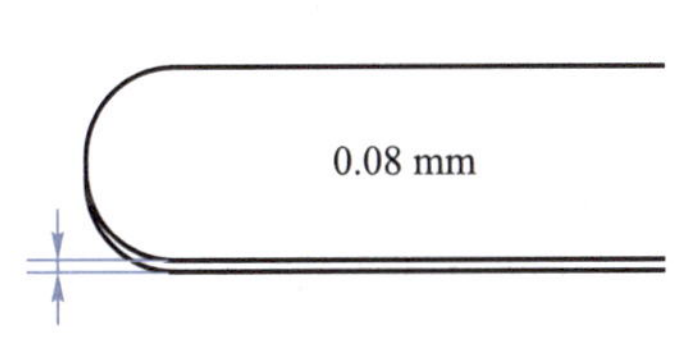

图 2-43
厚度规介绍

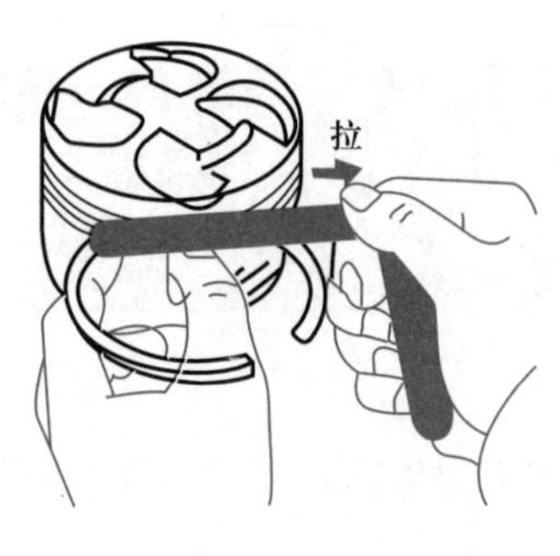

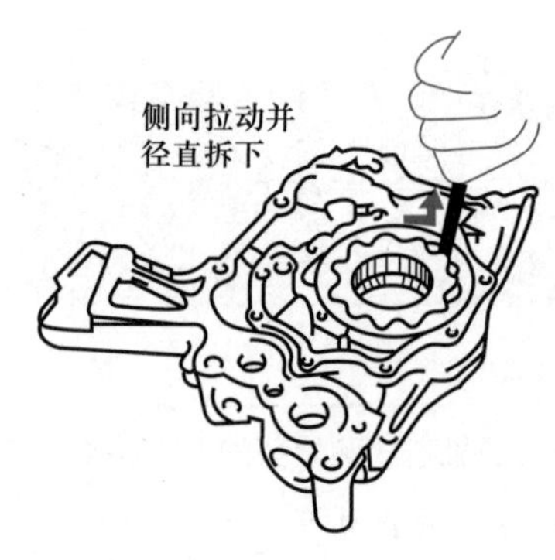

图 2-44
厚度规使用

如果用一个厚度规不能测量间隙，则用 2 或 3 个厚度规进行组合测量。将叶片折叠起来，以便尽可能使用最少量的叶片。

注意：

为了避免厚度规顶部弯曲或损坏，切勿强行将其推入待测部位；在把叶片收起来前，要清洁其表面并涂油防锈。

训练与思考

1. 选择适当工具对下列螺栓进行紧固

序号	螺栓	选择的工具
1	轮胎螺栓	
2	车门铰链螺栓	
3	发动机舱盖螺栓	
4	减振器上支撑螺栓	
5	水箱支架螺栓	
6	蓄电池固定螺栓	
7	火花塞螺栓	
8	翼子板螺栓	

2. 选择适当量具对下列数据进行测量

序号	部件	量具	测量结果
1	轮胎螺栓力矩		
2	火花塞间隙		
3	摩擦片厚度		
4	制动盘厚度		
5	轮胎花纹深度		
6	制动盘端面跳动量		

实训 6　维修手册使用训练

应了解车辆维修手册的结构，根据目录，查找所需内容。

训练与思考

利用维修手册查找下列数据。

车型：____________

	项目	规定值
1	油箱总成 × 车身　规定力矩	
2	正时皮带挠度	
3	油底壳放油塞 × 油底壳分总成　规定力矩	
4	火花塞电极间隙	
5	电解液密度	
6	轮毂螺母　规定力矩	
7	轮胎充气压力	
8	制动踏板自由行程	
9	制动盘厚度	
10	转向盘自由行程	
11	制动鼓内径	
12	制动盘端跳动量	
13	火花塞　规定力矩	
14	离合器踏板高度	
15	离合器踏板行程余量	

实训 7　整 理 训 练

车辆维护保养完成之后应做以下整理工作：

1 拆卸翼子板布和前盖。

2. 调整收音机、时钟和座椅位置。

3. 清洁驾驶室内部及外部车身。

4. 拆卸座椅套、脚垫和转向盘套。

5. 填写维护保养工单。

在每个维护保养工位工作完成之后应及时填写维护保养工单。工单的形式如下，做过的项目在前面方框内划勾，有特殊说明的问题在后面注明。

部分工单

	驾驶员座椅
☐	安装座椅套
☐	安装脚垫
☐	安装转向盘套
☐	拉起发动机盖释放杆

	车辆前部
☐	打开发动机盖
☐	安装翼子板布
☐	安装前盖
☐	安装车轮挡块

	发动机舱
☐	检查发动机冷却液液位
☐	检查发动机机油
☐	检查制动液液位
☐	检查喷洗器液面
☐	拆卸机油加注口盖

LH	RH	车灯
☐	☐	检查示宽灯点亮
☐	☐	检查牌照灯点亮
☐	☐	检查尾灯点亮
☐	☐	检查大灯 (Lo) 点亮
☐	☐	检查大灯 (Hi) 和指示灯点亮
☐	☐	检查大灯闪光器和指示灯点亮
☐	☐	检查转向信号灯和指示灯点亮
☐	☐	检查危险警告灯和指示灯点亮
☐	☐	检查停车灯点亮（尾灯一起点亮）
☐	☐	检查倒车灯点亮
☐	☐	检查变光器开关自动返回功能

☐	检查仪表板灯点亮
☐	检查顶灯点亮
☐	检查组合仪表警告灯点亮和熄灭

维护保养岗位训练与考核工单

一、实训准备

1. 车辆

整车一辆。

2. 工具

举升机。

3. 辅助材料

工作服、座椅套、转向盘套、翼子板布、车辆维修手册。

二、实训步骤

实训项目		实训结果		
		优	良	及格
1	维修手册使用训练			
2	预检工作训练			
3	车辆举升训练			
4	整理训练			

三、考核表

序号	考核项目	评价标准	分值	得分
1	检查规范性	维修手册使用正确	25	
		预检工作全面	15	
		举升机使用正确	25	
		整理达到标准	15	
2	5S 与工作安全	出现重大安全操作失误扣 10 分		
		操作失误出现受伤扣 5 分		
		每次举升机使用（未锁止、支撑点未确认、没有提示语）每项扣 2 分		
		每次零件、工具的掉落扣 1 分		
		其他可能造成人员、车辆、设备损伤的操作酌情扣分		
		工具、量具混放扣 2 分		
		场地、设备摆放混乱；作业后整理不到位；油污未及时清理；每项扣 1 分		
3	工单	工单填写整齐、如实填写	5	
		工位作业前察看，作业后填写	5	
4	操作流程	操作流程合理、不重复走位	10	

续表

序号	考核项目	评价标准	分值	得分
5	时间性	规定时间 20 min，超时 1 min 扣 1 分		
总分				

拓展资源
维护保养岗位训练

第三部分　发动机的维护保养

学习目标

- 掌握发动机的维护保养项目及正确操作方法。
- 了解不同车型发动机的维护保养方法。

考核标准

- 能够独立熟练、正确地按要求进行发动机各项目的维护保养。
- 能够正确选择、使用工具和仪器。

实训准备

场　地：理实一体化多媒体实训室

设　备：两柱式举升机、工作台、机油收集器、冷却液收集器

工量具：VAS5051、VAS5051B、VAS5052、VAS5052A、VAS6150 及金奔腾 929 诊断仪、通用 54 件组合扳手、机油滤清器扳手、火花塞扳手、火花塞间隙规、力矩扳手、冷却液冰点检测仪、散热器盖测试仪、螺旋测微计、皮带张紧力计

车　辆：每小组配备一台实训用车

备　品：工作服、工作鞋、手套、座椅套、转向盘套、脚垫、变速杆套、翼子板布、前盖、车轮挡块、车辆维修手册、机油、防冻液、机油滤清器、空气滤芯、放油螺塞垫片、燃油滤清器

实训 1 查询自诊断系统故障存储器

电子教案
发动机的维护保养

通过使用诊断仪对车辆所有控制单元进行检查，及时发现车辆隐含故障，早期排除车辆故障隐患。以大众车系为例进行说明。

电子课件
发动机的维护保养

一、诊断仪介绍

目前大众车系使用的诊断仪有 VAS5051、VAS5051B、VAS5052、VAS5052A、VAS6150 及金奔腾 929，如图 3-1 所示。

小贴士

根据车辆品牌选择合适的诊断仪。专用诊断仪功能全，通用诊断仪应用车型广，各种诊断仪的功能及使用方法相近，随着车辆技术进步而不断更新。

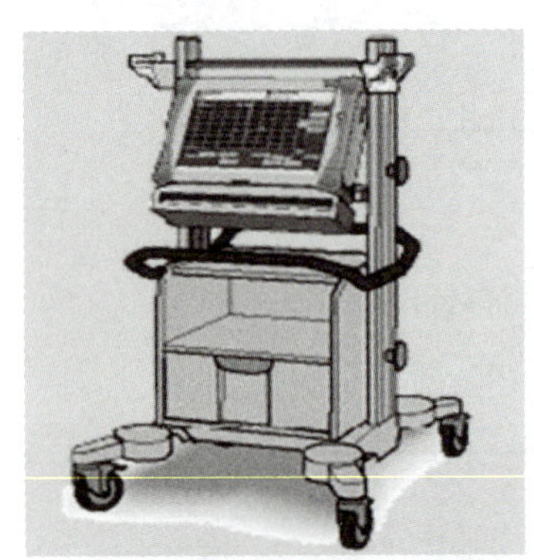

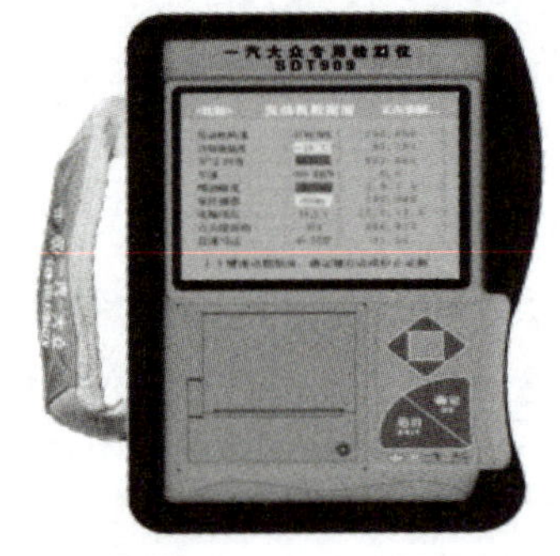

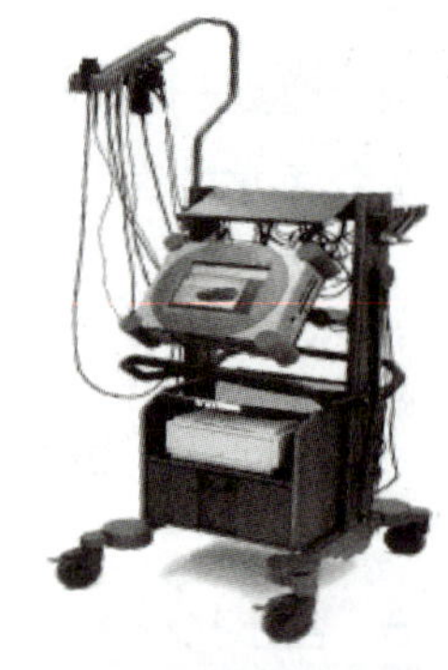

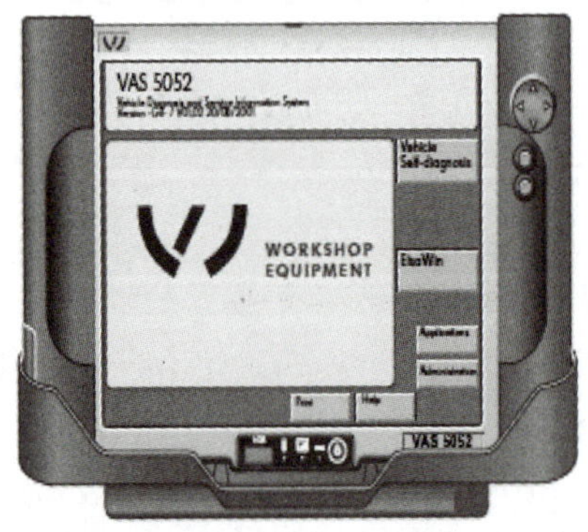

图 3-1
大众车系诊断仪

1. 故障码输出形式

（1）直接打印

（2）保存屏幕

（3）保存诊断协议

2. 读取数据块时的条件

（1）发动机怠速运转

（2）关闭空调及其他所有用电器

（3）发动机水温在 85℃以上

（4）发动机没有漏气等故障

3. 常用控制单元地址码

01——发动机电子设备

02——变速箱电控系统

03——制动电控系统

08——空调系统

09——中央电器控制单元

15——安全气囊

16——转向盘电子单元

19——网关

25——防盗器

36——电动座椅

44——助力转向系统

46——舒适系统

53——电子驻车制动系统

56——音响系统

76——停车辅助系统

二、操作过程

1. 关闭点火开关，连接诊断仪插头。
2. 打开点火开关，点击“车辆自诊断”。
3. 点击“车载诊断（OBD）”。
4. 点击“网关安装列表”。
5. 在列表中显示红色是有故障的系统，逐个打开查询并输出故障码。
6. 按照保养数据表要求，读取并记录相关数据块（节气门开度、空气流量/进气压力等）。
7. 关闭点火开关，取下诊断仪插头，完成自诊断。

注意：

编辑服务功能可以快速清除整个系统故障代码，但在没有对故障码分析处理前，不能直接清除故障码。

三、数据记录

1. 故障码的数量及数据块数值记录在保养项目单的数据记录表内。

2. 打印的故障码与任务委托书、保养项目单统一存档。

训练与思考

运用现有设备和车辆，填写下表：

发动机参数	数据	单位	故障码
怠速转速		r/min	发动机（　　）个消除
水温		℃	变速器（　　）个消除
喷油脉宽		ms	ABS（　　）个消除
空气流量		g/s	空调（　　）个消除
进气压力		mbar	网关（　　）个消除
节气门		%	气囊（　　）个消除
总失火率		次	仪表（　　）个消除
前氧电压		V	防盗（　　）个消除
后氧电压		V	舒适系统（　　）个消除
032 组 1 区		%	（　　）个消除
032 组		%	（　　）个消除

实训 2 润滑系的维护保养

> **小贴士**
> 高级车品牌店多采用专用设备，利用真空抽吸机油。

1. 机油排放准备（图 3–2）

将车辆停至低位，用车轮挡块挡住车轮，放上翼子板布，发动机预热至正常工作温度，发动机熄火，拉动发动机盖释放手柄，打开发动机盖，放上前盖，松开机油加注口盖以便排放发动机机油。

2. 检查泄漏（图 3–3、图 3–4）

取下车轮挡块，将汽车升至高位，检查发动机的下述区域是否漏油：

- 油底壳的接触面
- 油封
- 排放塞
- 机油滤清器

微课 5

润滑系泄漏检查

3. 排放机油（图 3–5）

准备好发动机机油接收器，拆卸排放塞和垫片，排放发动机机油。更换新的垫片。

图 3-2

图 3-3

图 3-4

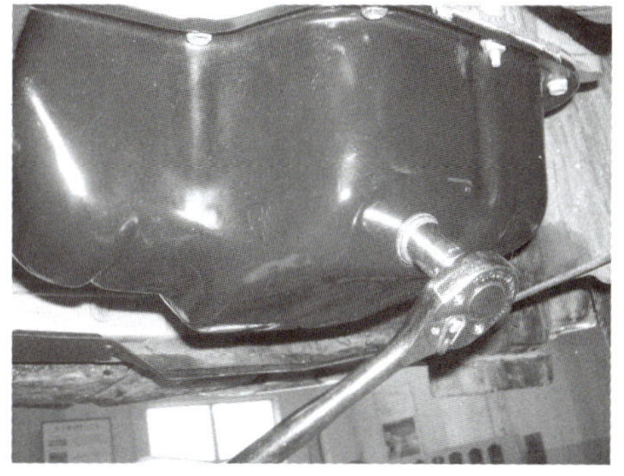

图 3-5

小贴士

排放的机油不可随意倾倒，要统一收集处理，以免污染环境。

4. 更换发动机机油滤清器（图 3-6）

（1）使用 SST（special service tool 专用维修工具），拆卸机油滤清器；

（2）检查和清洁机油滤清器安装表面；

（3）在新的机油滤清器垫片上涂清洁的发动机机油；

（4）轻缓地拧动机油滤清器就位，然后上紧直到垫片接触底座；

（5）使用专用工具再次上紧 3/4 圈。

微课　6
机油滤清器的更换

图 3-6

提示：

在某些类型的发动机上，机油滤清器在发动机室内更换。

小贴士

在确保润滑效果的前提下，选用经济性好的机油。

5. 安装机油排放塞

安装装有新垫片的机油排放塞，使用力矩扳手将机油排放塞上紧至规定力矩。

6. 加注机油（图 3–7）

将车辆降至低位，用车轮挡块挡住车轮。

通过机油加注口加注规定数量的机油（图 3–8），安装机油加注口盖。

微课　7
机油的更换

图 3–7

图 3–8

注意：

不要加注过量。

7. 检查发动机机油液位

发动机预热运转 5 min 后，停止发动机。经过 5 min 或者更长时间后，使用机油尺检查发动机机油液位（图 3–9、图 3–10），若不足，从机油加注口添加，确保液位处于规定的范围内。

微课　8
机油量检查

图 3–9

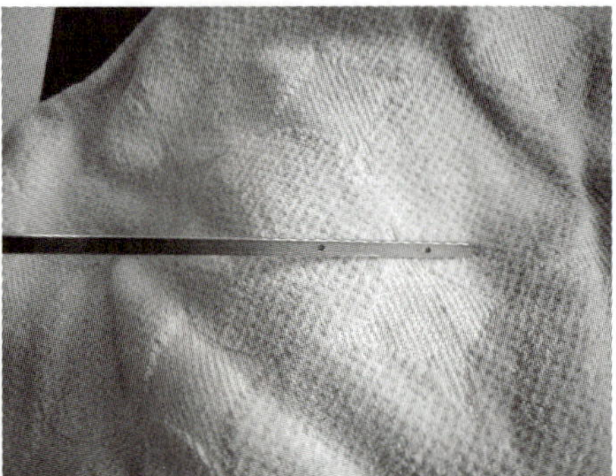

图 3–10

提示：

汽车应停放在水平地面上检查液位。

训练与思考

根据操作过程填写下表：

序号	项目	结果
1	发动机型号	
2	更换机油型号	
3	机油渗漏部位	
4	更换机油数量	
5	机油滤清器型号	
6	机油排放塞规定力矩	
7	怎样判断发动机机油的质量	
8	不慎机油加注量过多应怎么办	

实训 3　冷却系的维护保养

项目 1　冷却液更换

1. 排放发动机冷却液（图 3-11）

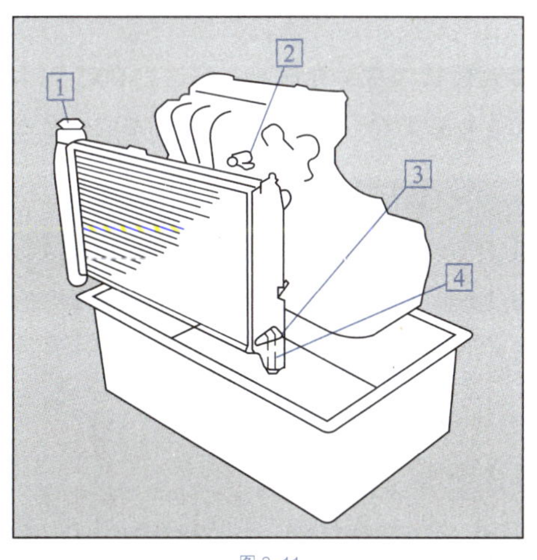

图 3-11

1—散热器盖；2—发动机排放塞；3—散热器排放塞；4—排放管

微课　9
冷却系统检查及冷却液更换

注意：

不要在汽车刚停止运行后立即进行该工作，因为冷却液温度很高，散热器盖会热得不能接触。

用抹布垫在散热器盖上，松开散热器盖 45°，散热器内部的压力释放后，取下散热器盖。

正确摆放冷却液接收器，松开散热器排放塞和发动机排放塞以便排放冷却液。

断开贮液罐软管，排出贮液罐中的冷却液。

将车辆停放在地面，打开发动机盖，检查冷却液软管的老化以及接头的连接情况。通过散热器和发动机以及贮液罐的排放塞排放发动机冷却液。

2. 加注发动机冷却液（图 3-12）

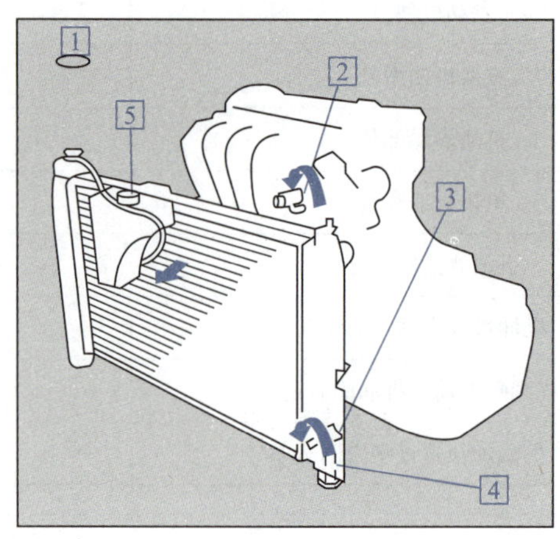

图 3-12

1—散热器盖；2—发动机排放塞；3—散热器排放塞；4—排放管；5—贮液罐

重新拧紧散热器和发动机的排放塞，并重新接上贮液罐软管。

将准备好的冷却液缓慢地倒入散热器的加注孔，用同样的方法加注贮液罐，贮液罐达到“满”刻度。

重新装上散热器盖。

起动发动机，使其加速运转，直至冷却液温度达到 90℃以上，使节温器阀门打开，进行系统排气，检查冷却液液面高度，若不正常应添加至规定高度。

项目 2 冷却液冰点及液位检查

微课 10
冷却液冰点的检查

1. 使用冷却液冰点检测仪检测冷却液的冰点

使用吸管取出一滴冷却液，涂在仪器上，从观察窗读取冷却液冰点（图 3-13）。

2. 检查贮液罐中的冷却液是否处于规定的范围内

若不足，应补充至规定高度（图 3-14）。

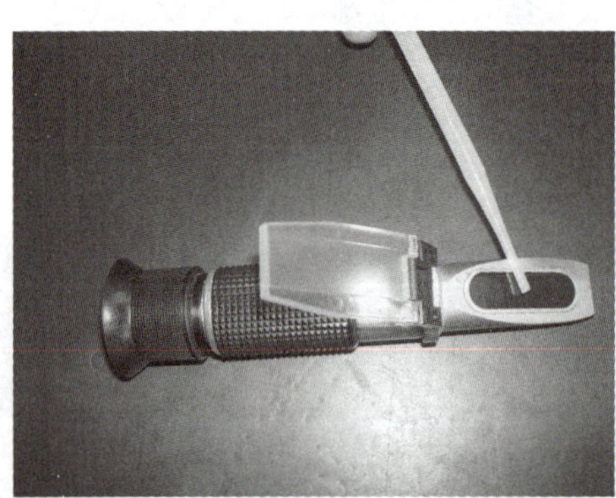

图 3-13

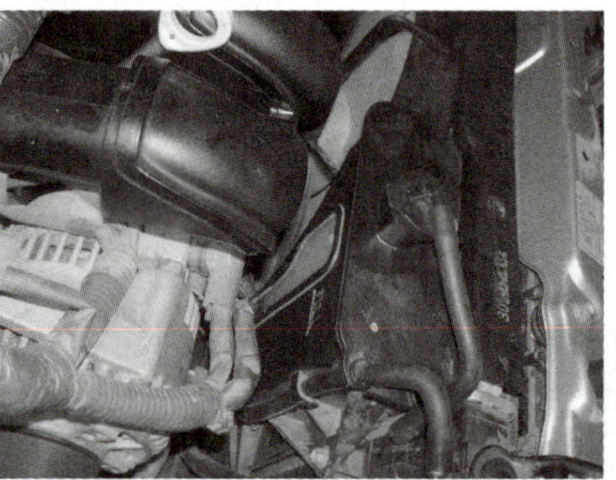

图 3-14

提示：

在散热器冷态时检查冷却液液位。因为如果散热器温度高时，冷却液处于高液位。

项目 3　散热器盖检查

1. 功能检查

使用散热器盖测试仪测量散热器盖阀门开启压力，并检查其是否在规定的范围以内。

检查真空阀能否平顺动作（图 3–15）。

2. 损坏

检查散热器盖橡胶密封垫是否有裂纹或者破损（图 3–16）。

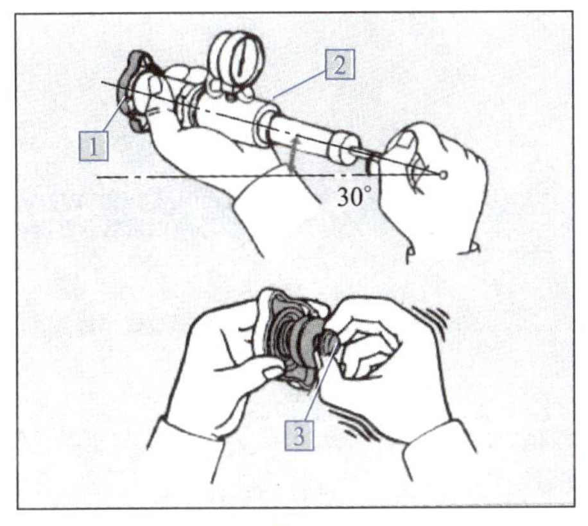

图 3–15

1—散热器盖；2—散热器盖测试仪；3—真空阀

图 3–16

训练与思考

冷却系维护保养后请填写下表：

车型：____________

序号	项目	结果
1	橡胶软管是否老化	
2	是否有泄漏处	
3	冷却液的颜色、型号	
4	冷却液的冰点	
5	加注冷却液量	
6	散热器盖的开启压力	
7	散热器盖是否损坏	

实训 4　空气滤清器的维护保养

空气滤清器有：纸质型、可洗型、油浴型和旋风型。

1. 纸质型空气滤清器滤芯的检查（图 3–17、图 3–18）

（1）清洁。使用压缩空气从空气滤清器滤芯的发动机侧吹入压缩空气，同时清除空气滤清器盖内污物。

（2）灰尘和积聚微粒。检查空气滤清器滤芯中是否有灰尘、积聚微粒或者破裂。

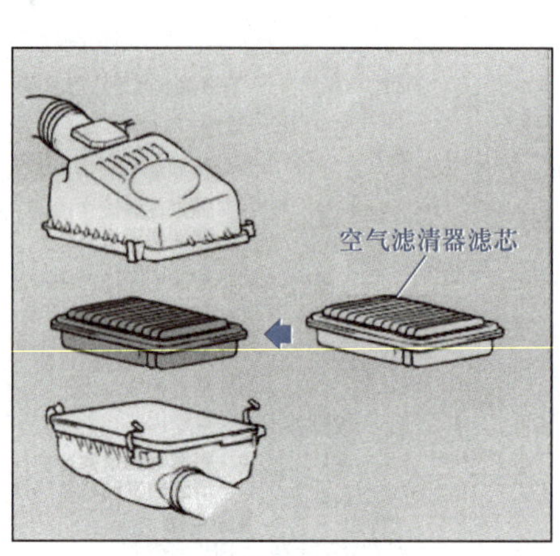

图 3–17

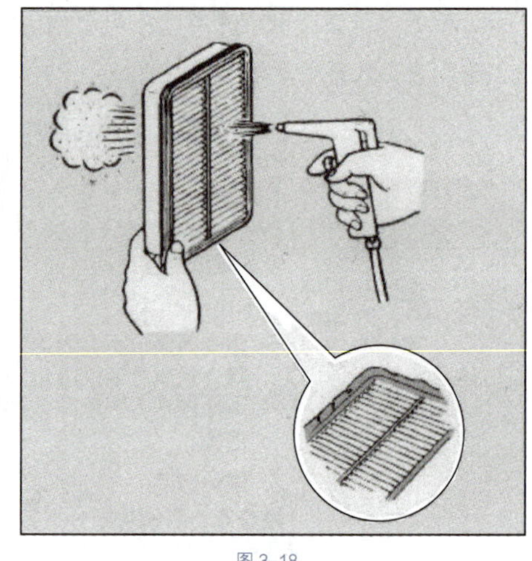
图 3–18

（3）安装。检查空气滤清器滤芯上的橡胶密封是否良好，并且确保其没有裂纹或者其他损坏。

注意：

滤芯的安装方向。

2. 可洗型空气滤清器的检查（图 3–19）

微课　11
空气滤清器的保养

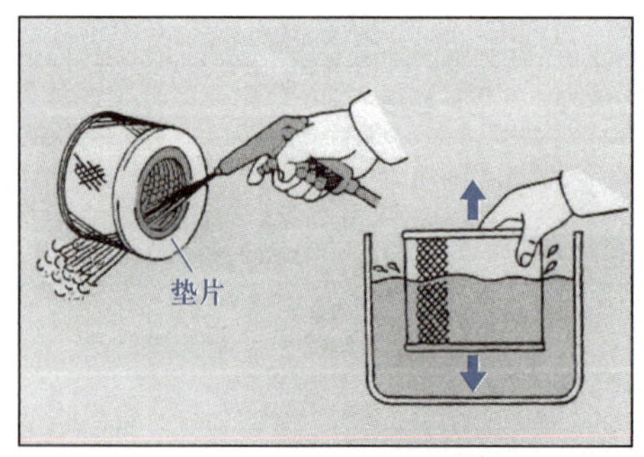

图 3–19

检查空气滤清器滤芯是否有泥土、阻塞或者破裂情况。

（1）使用压缩空气，完全吹出滤芯内部的灰尘。

（2）将滤芯浸入水中上下晃动清洗 10 min 或者更长时间，直到水干净为止。

（3）通过摇晃滤芯或者用压缩空气吹，干燥滤芯。

注意：

切勿敲打或者跌落滤芯。

（4）擦掉空气滤清器壳内部的灰尘。

安装条件：

检查垫片是否牢固地安装于空气滤清器滤芯中以及垫片是否有裂纹或者损坏。

3. 油浴型空气滤清器的检查（图 3-20）

（1）拆卸空气滤清器壳体。

（2）用煤油清洗油盖和空气滤清器。

（3）用干净的布擦干油盖和空气滤清器。

（4）将油盖放在一个水平工作台上。

（5）加注清洁的发动机机油直到其达到油位标记。

（6）将空气滤清器放在托盘中，然后使用清洁的发动机机油浸泡空气滤清器。

（7）安装空气滤清器。

4. 旋风型空气滤清器的检查（图 3-21）

检查空气滤清器滤芯是否有泥土、阻塞或者破裂情况。

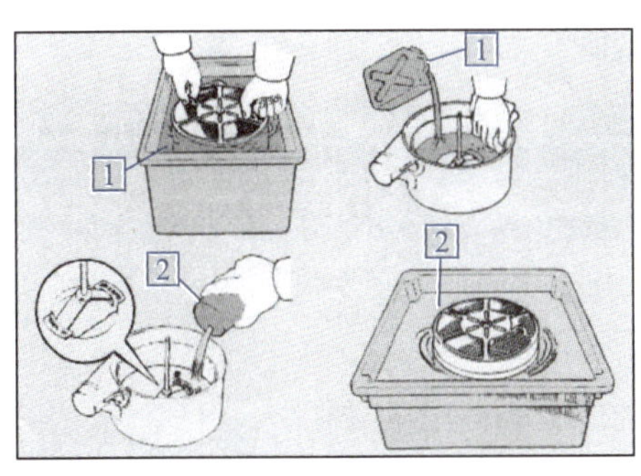

图 3-20

1—煤油；2—发动机机油

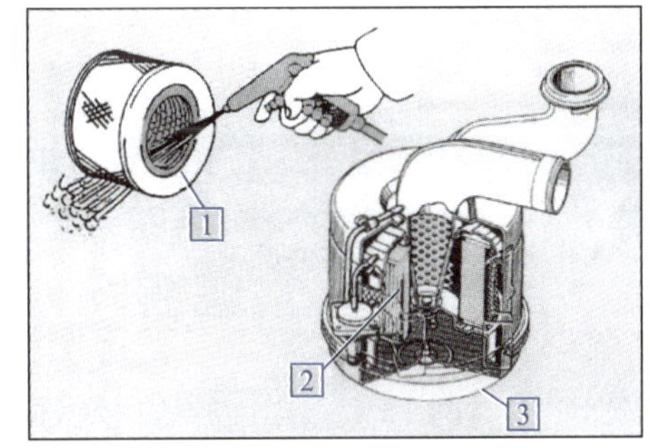

图 3-21

1—密封材料；2—空气滤清器滤芯；3—集尘器

（1）使用压缩空气清洁滤芯。快速和彻底地从里面吹气。然后，从滤芯的外面吹气。

（2）取出集尘器并且将尘土从里面清除。然后，清洁集尘器的里面。

（3）检查滤芯是否牢固地安装于空气滤清器滤芯中以及滤芯是否有裂纹或者损坏。

训练与思考

根据实训车辆类型填写下表：

序号	项目	结果
1	滤芯状况	
2	是否需要更换	
3	拆装注意事项	

实训 5　燃油滤清器的更换

为了防止燃油渗漏，需要断开燃油泵的电气连接器，运行发动机，并且在更换燃油滤清器以前放空燃油管中的燃油。

1. 安装在发动机室内的汽油滤清器的更换（图 3-22、图 3-23）

图 3-22

图 3-23

在拆卸之前，用一块抹布垫在滤清器下面，以免燃油洒落在车身上。使用一把扳手夹住滤清器本体上的螺母，使用另一把扳手松开管连接螺栓，取下滤清器。安装新的滤清器前应更换新的垫片。

2. 安装在燃油箱内的汽油滤清器的更换（图 3-24）

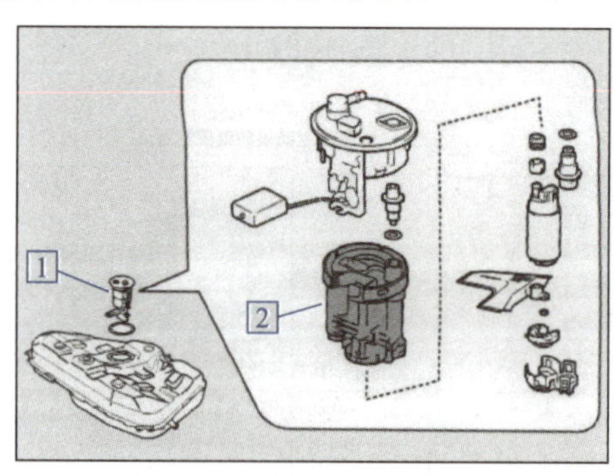

图 3-24

1—燃油泵总成；2—燃油滤清器

微课　12
燃油滤清器的更换

（1）拆卸后座椅坐垫总成

（2）拆卸后座地板维修孔盖

（3）断开燃油箱主管分总成

拆下联管节夹子，拉出燃油箱主管（图 3-25、图 3-26）。

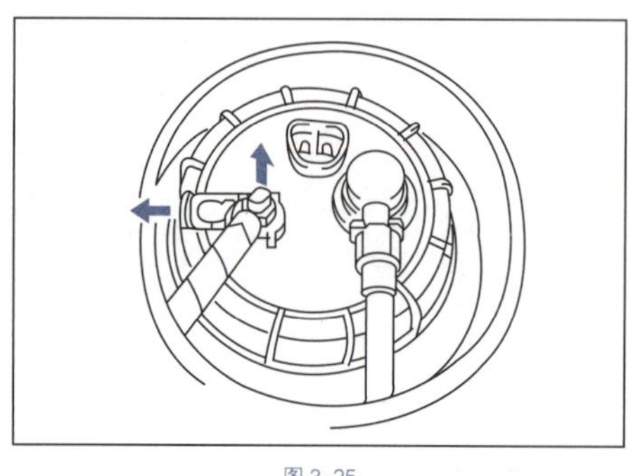

图 3-25

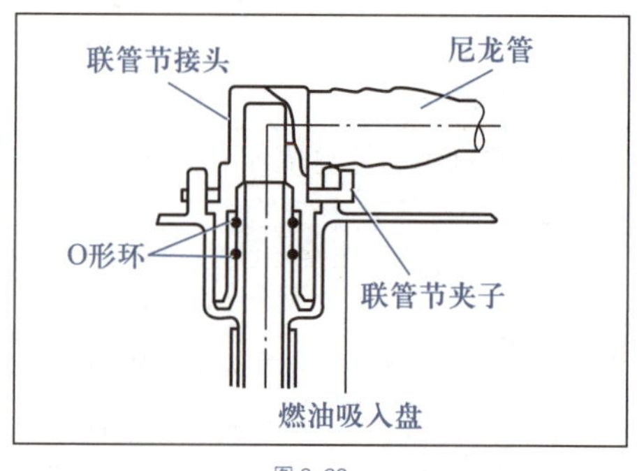

图 3-26

注意：

- 在此项工作之前检查在接头周围是否有类似泥的污垢，并进行清洁。
- 快速接头有一个 O 形环，密封管子和接头。
- 在此项工作中不要使用任何工具。
- 不要用力弯曲或扭动尼龙管。
- 不要使塞子与异物接近。
- 检查后，在管件上覆盖聚乙烯袋子，以保护管子。

（4）断开图 3-27 所示燃油排放管分总成，捏住管子接头，然后拉出燃油排放管。

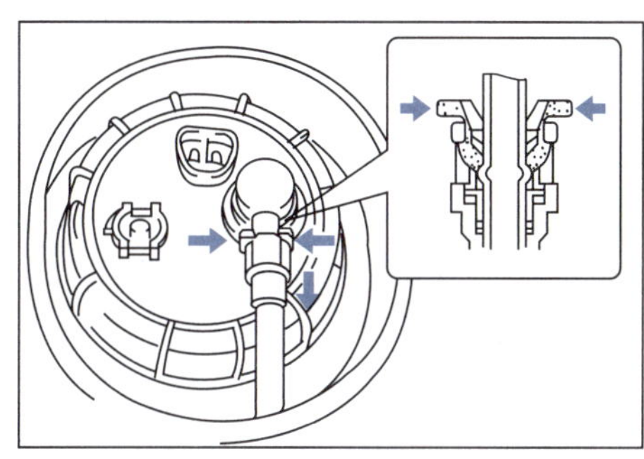

图 3-27

注意：

- 在此项工作之前应检查在接头周围是否有类似泥的污垢，并进行清洁。
- 快速接头有一个 O 形环，密封管子和接头。
- 在此项工作中不要使用任何工具。
- 不要用力弯曲或扭动尼龙管。
- 不要使塞子与异物接近。
- 检查后，在管件上覆盖聚乙烯袋子，以保护管子。
- 当接插件与管件粘住时，用两个手指捏住管子，小心转动使其松动，然后分离开管子（图 3-28）。

（5）拆下燃油泵总成（图 3-29）。

① 使用 SST 松开托盘。

② 拆下托盘。

③ 拉出燃油泵总成。

④ 从燃油箱上拆下垫片。

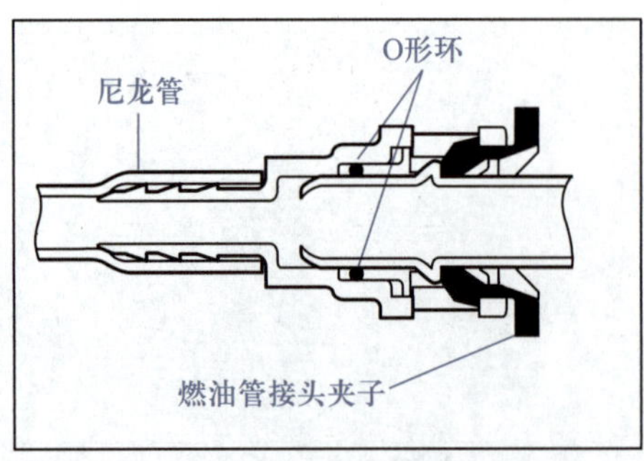

图 3-28

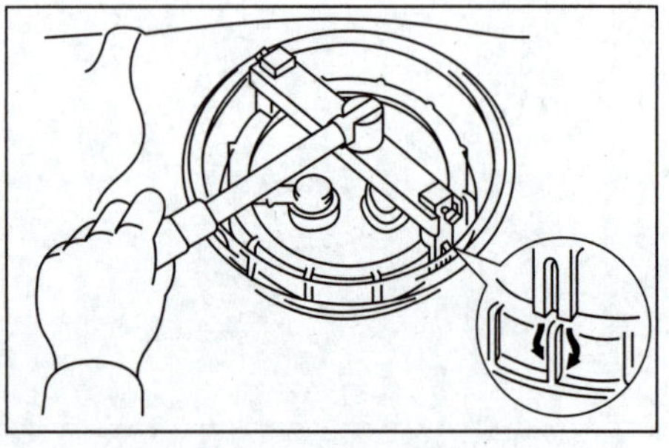
图 3-29

注意:

小心！不要弯曲燃油油量感应器感应臂。

（6）拆下燃油吸入端支架。使用螺丝刀，从爪孔里脱开扣爪，拆下燃油吸入端支架。

注意:

小心！不要损坏燃油吸入端支架。

（7）拆下燃油泵缓冲橡胶垫

（8）拆下燃油吸入盘分总成

① 拆开接头。

② 用两把螺丝刀，从爪孔里脱开扣爪，拆下燃油吸入盘。

注意:

小心！不要损坏燃油吸入盘。

（9）拆下燃油泵线束

（10）拆下油量感应器总成。松开燃油油量感应器，向下移动并拆下。

（11）拆下燃油压力调节器总成。从滤清器上拉出燃油压力调节器。

（12）拆下带滤清器的燃油泵总成，从滤清器上拉出燃油泵。

（13）安装带滤清器的燃油泵总成

① 在燃油泵滤清器油封上涂汽油。

② 将燃油泵装到滤清器上。

（14）安装燃油压力调节器总成

① 在新的 O 形环上涂汽油，把它装到燃油压力调节器上。

② 把燃油压力调节器安装到滤清器上。

（15）安装燃油泵总成

① 在燃油箱上安装新的垫片（图 3-30）。

② 在燃油泵和燃油箱上作对应记号（图 3-31）。

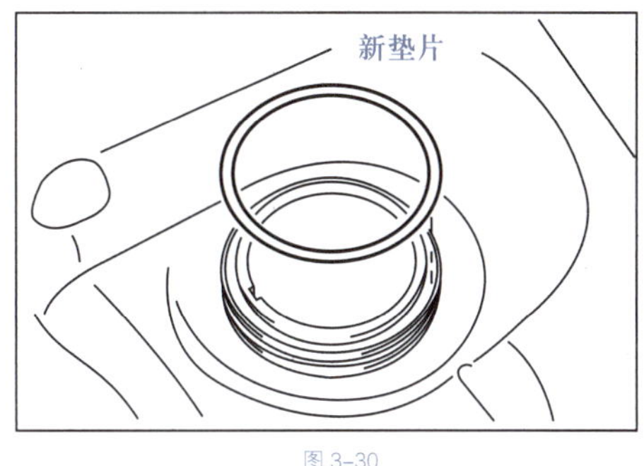

图 3-30

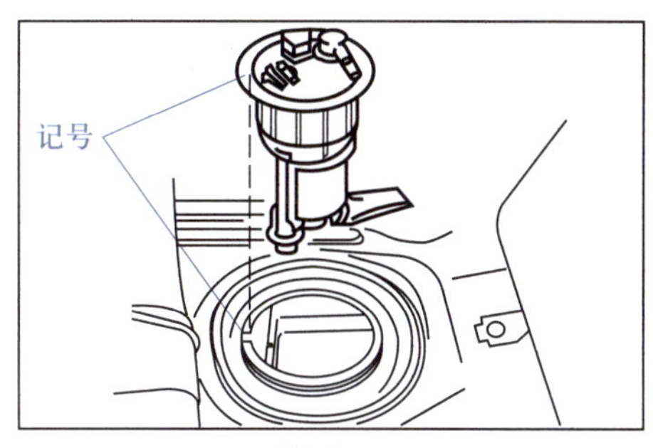

图 3-31

③ 暂时安装托盘。

④ 使用 SST 安装托盘。

⑤ 检查燃油泵托盘的箭头记号是否与油箱标记对齐（图 3-32）。

（16）安装燃油排放管分总成。压入管接头，直至接头发出“咔嚓”声响（图 3-33）。

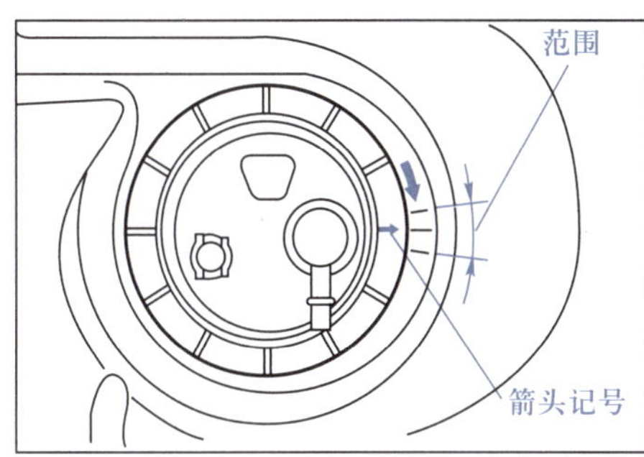

图 3-32

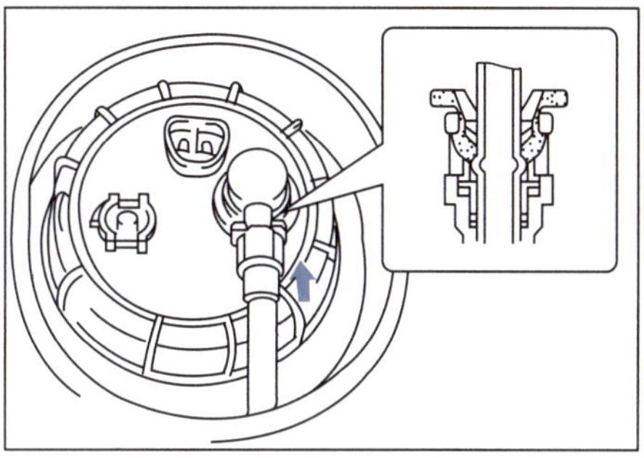

图 3-33

注意：

- 检查连接部位应没有划伤或异物。
- 检查接头应完全插入且安全连接。
- 检查联管节夹子在接头项圈上。
- 安装联管节夹子后，检查接头应拉不出来。

（17）安装燃油箱主管分总成（图 3-34）。用联管节夹子连接燃油主管。

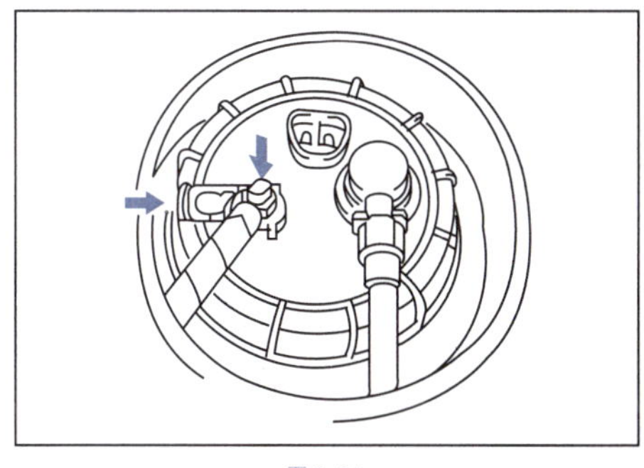

图 3-34

注意:

- 检查在管子连接部位是否有损伤或异物。
- 检查接头应完全插入且安全连接。
- 检查联管节夹子在接头项圈上。
- 安装联管节夹子后，检查接头应拉不出来。

（18）检查燃油泄漏

（19）安装后座地板维修孔盖

（20）安装后座椅坐垫总成

3. 筒式柴油滤清器更换（图 3–35）

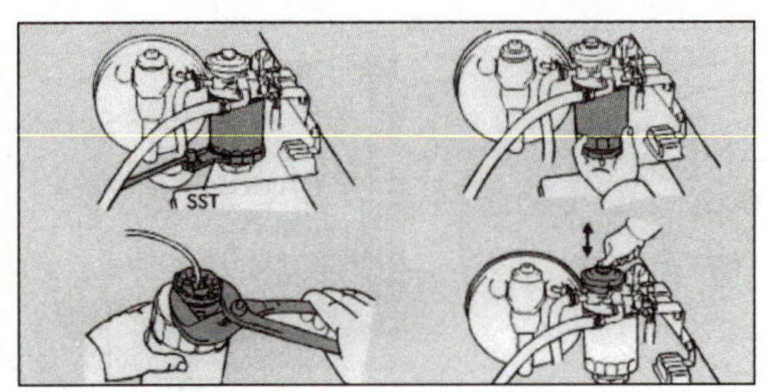

图 3–35

（1）排放出燃油滤清器内的燃油。

（2）使用 SST 拆卸燃油滤清器及垫片。

（3）使用专用钳子，拆卸燃油滤清器警告开关及 O 形环。

（4）在燃油滤清器警告开关上安装一个新的 O 形环。

（5）在燃油滤清器警告开关的 O 形环上涂上燃油。

（6）用手将燃油滤清器警告开关安装在新的燃油滤清器上。

（7）在新的燃油滤清器的垫片上涂燃油。

（8）用手将燃油滤清器安装到燃油滤清器托架上。

（9）使用起动泵加注燃油，并且检查燃油渗漏。

4. 纸质滤芯型柴油滤清器更换（图 3–36）

（1）拆卸燃油滤清器总成。

（2）拆卸对中螺栓和燃油滤清器下部主体总成。

（3）从燃油滤清器上部主体拆卸垫片。

（4）从下部主体拆卸两个垫片、滤芯、弹簧片和弹簧。

（5）从对中螺栓上拆卸 O 形环。

（6）清洁下部主体以及对中螺栓。

（7）拿一只新的 O 形环、垫片和滤芯，按照和步骤 1~5 相反的顺序重新装配。确保在 O 形环和垫片上涂燃油。

（8）通过操作起动泵将空气从燃油滤清器中放掉。

（9）起动发动机并检查是否有燃油渗漏。

5. 柴油发动机的水沉淀器排水（图 3–37）

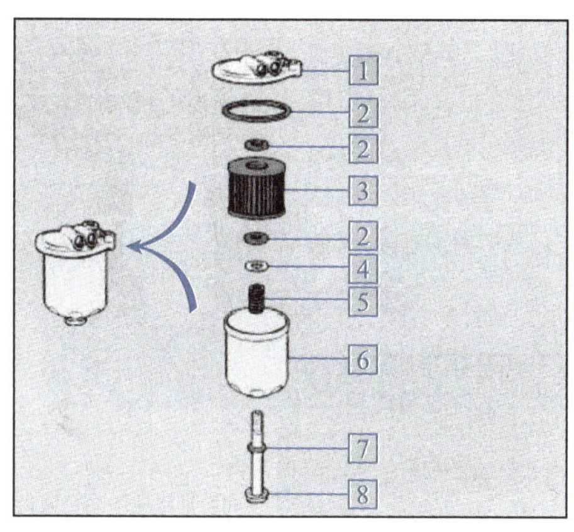

图 3–36

1—上部主体；2—垫片；3—滤清器滤芯；4—弹簧片；5—弹簧；6—下部主体；7—O 形环；8—对中螺栓

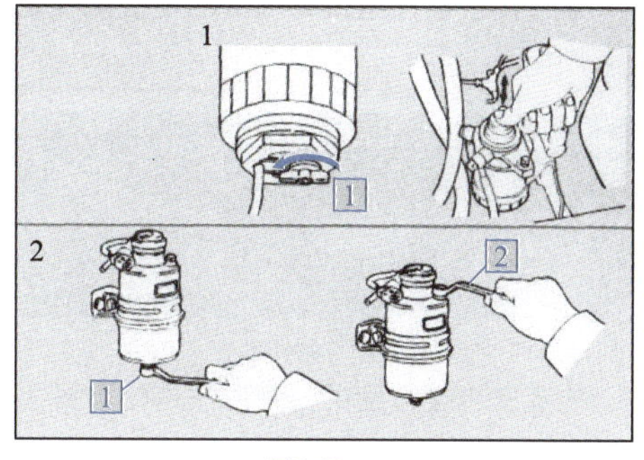

图 3–37

松开或者拆卸燃油滤清器排放塞并排水。

提示：

① 水沉淀器／燃油滤清器类型。排水后，使用一个起动泵加注燃油，然后检查是否有燃油渗漏。

② 独立的水沉淀器类型。如果水未排尽，松开水沉淀器通气塞。

训练与思考

车辆类型：____________________

燃油滤清器类型及安装位置：____________________

填写滤清器的更换步骤：

步骤	内容
1	
2	
3	
4	
5	
6	
7	
8	
9	
10	

微课　13
发动机传动皮带的检查

实训 6　传动皮带的检查

一、传动皮带（图 3-38）

1. 检查张紧度

通过用手指按压传动皮带检查松紧程度。

提示：

通过在维修手册中规定的区域施加 98 N 的力检查松紧程度。

检查皮带张紧度的另一方法是使用图 3-39 所示的皮带张力计。

2. 检查磨损

检查传动皮带的整个外围是否有磨损、裂纹、层离或者其他损坏。

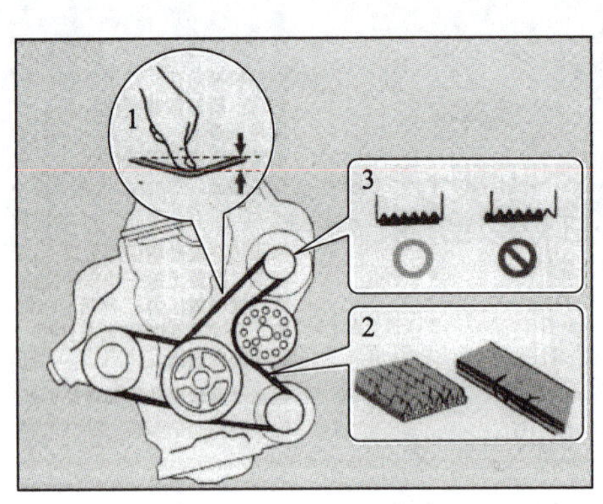

图 3-38

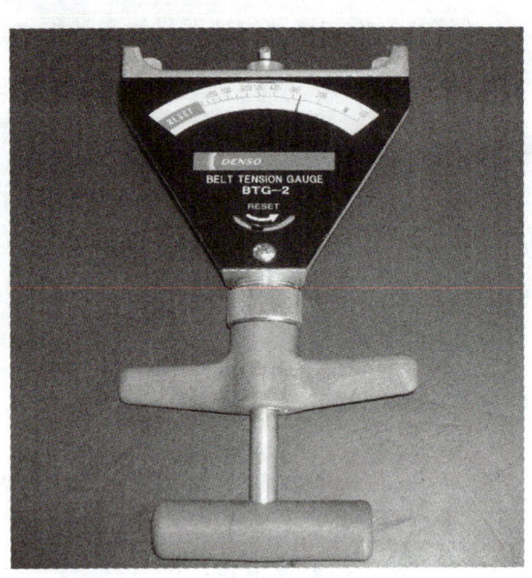

图 3-39

提示：

如果无法检查皮带的整个外围，则通过在发动机转动方向转动曲轴带轮检查皮带。

3. 检查安装情况

检查皮带，确保其正确地安装在皮带轮槽内。

二、自动张紧器（图 3-40）

自动张紧器使用弹簧力将张力施加到皮带上。

检查方法：检查自动张紧器指示器是否在范围 A 内。安装一根新皮带时，指示器应当在范围 B 内。

三、传动皮带张紧度调整

调整皮带张紧度的方法有以下几种：无惰轮有调整螺栓类型（1）、无惰轮无调整螺栓类型（2）和惰轮类型（3）（图 3-41）。

1. 无惰轮有调整螺栓类型（图 3-42）

对于无惰轮有调整螺栓类型，通过移动发电机来转动调整螺栓，并施加张紧力。

（1）松开发电机的安装螺栓和紧固螺栓，然后通过转动调整螺栓来调整皮带张紧度。

上紧调整螺栓：张紧度减小；松开调整螺栓：张紧度增加。

注意：

如果在松开固定螺栓以前调整螺栓，调整螺栓就可能变形。

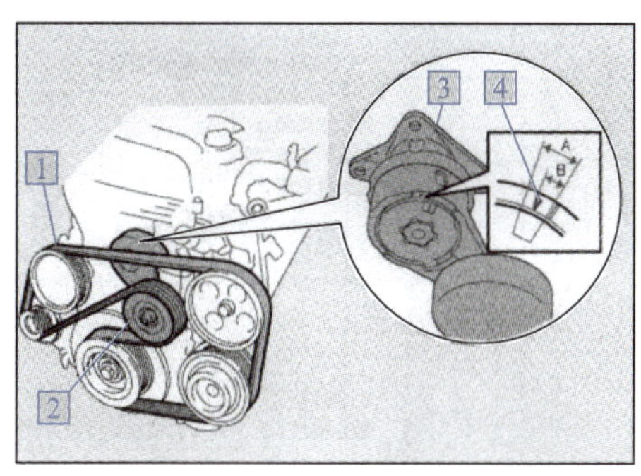

图 3-40

1—传动皮带；2—张紧器皮带轮；
3—自动张紧器；4—自动张紧器指示器

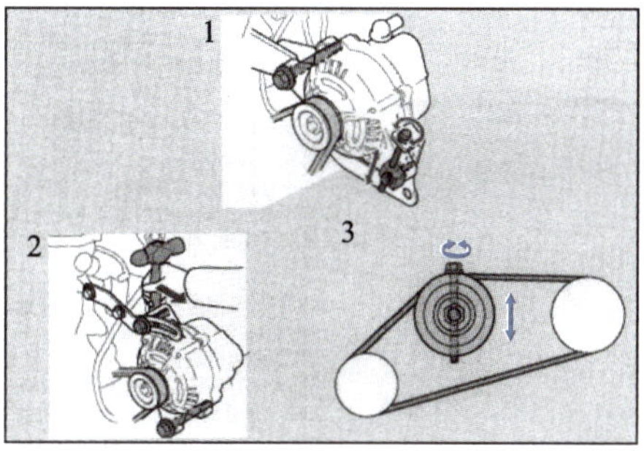

图 3-41

（2）检查皮带张紧度，上紧第一只紧固螺栓，然后安装螺栓。

2. 无惰轮无调整螺栓类型（图 3-43）

对于无惰轮无调整螺栓类型，通过一根杠杆移动发电机来调整螺栓传动皮带。

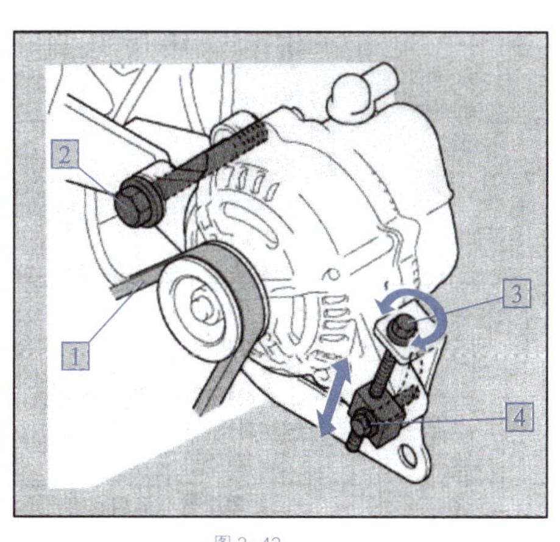

图 3-42

1—传动皮带；2—安装螺栓；3—调整螺栓；4—紧固螺栓

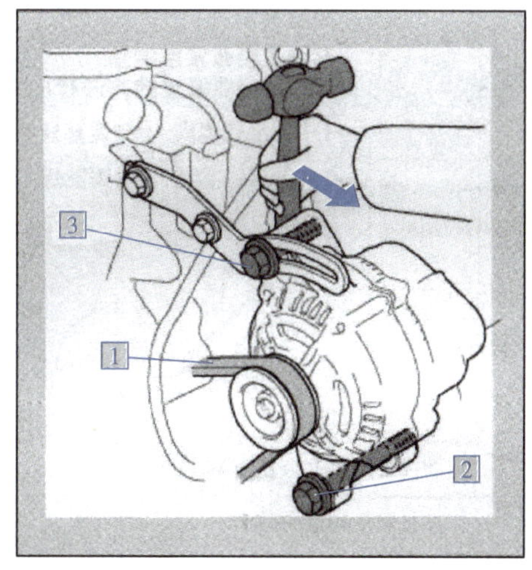

图 3-43

1—传动皮带；2—安装螺栓 A；3—安装螺栓 B

（1）松开安装螺栓 A 和安装螺栓 B。

（2）用一个杠杆（或一把锤子），移动电机来调节传动皮带的张紧度，然后上紧安装螺栓 B。

注意：

- 将杠杆的端部放在一个不会变形的地方（一个很硬的区域），比如气门室盖或者气缸体。
- 确保将杠杆顶住发电机不会变形的区域（靠近调整托架而非发动机的中心）。

（3）检查传动皮带的张紧度，上紧安装螺栓 A。

3. 惰轮类型（图 3-44）

（1）松开锁止螺母，然后通过转动调整螺栓来调整皮带张紧度。

上紧调整螺栓：张紧度减小；松开调整螺栓：张紧度增加。

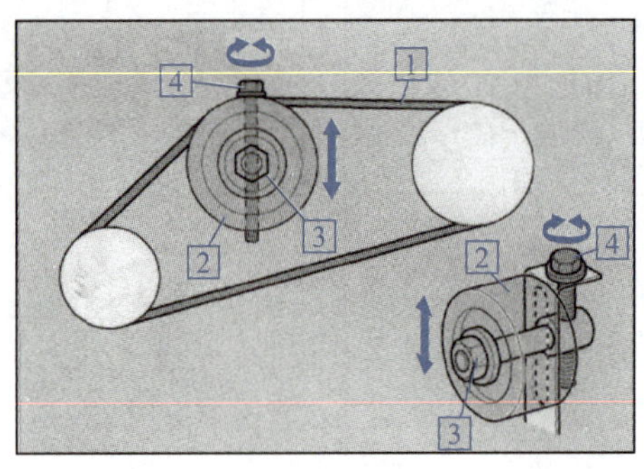

图 3-44

1—传动皮带；2—惰轮；3—锁止螺母；4—调整螺栓

提示：

上紧锁止螺母至规定的扭矩将减小皮带的张紧度。所以应将张紧度调整到比规定的值稍微大一点儿。

（2）上紧锁止螺母至规定的扭矩。

（3）检查传动皮带的张紧度。

训练与思考

根据训练过程填写下表：

序号	项目	结果
1	车型	
2	传动皮带张紧度调整类型	
3	张紧度检测方法	
4	张紧力标准值	
5	传动皮带磨损情况	

实训 7　排放控制系统的检查

一、检查活性炭罐

1. 检查活性炭罐的安装和管路连接情况（图 3-45）。

2. 检查活性炭罐是否损坏（图 3-46）。

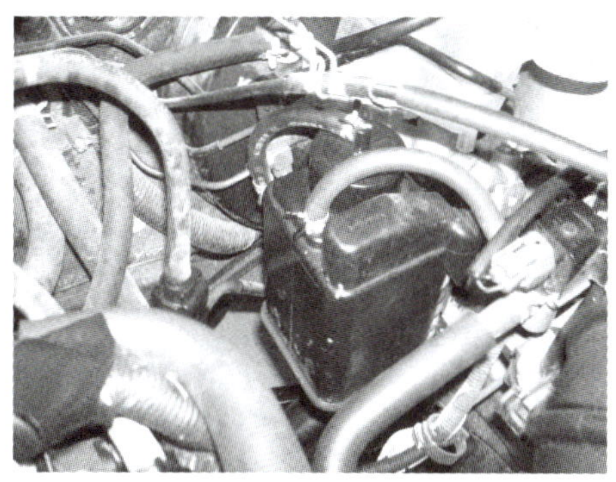

图 3-45

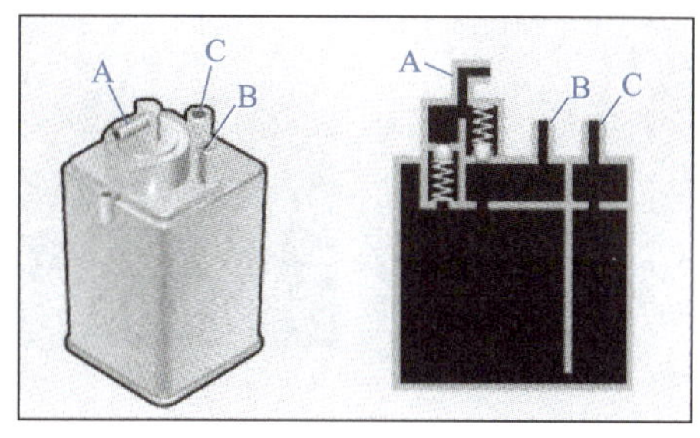

图 3-46

3. 检查阀门工作情况

检查活性炭罐单向阀的工作情况。

（1）关闭接口 B 和 C，然后把真空引入接口 A，真空度应不变，无泄漏（图 3-47）。

（2）关闭接口 C，然后把真空引入接口 A，空气应从接口 B 流入（图 3-48）。

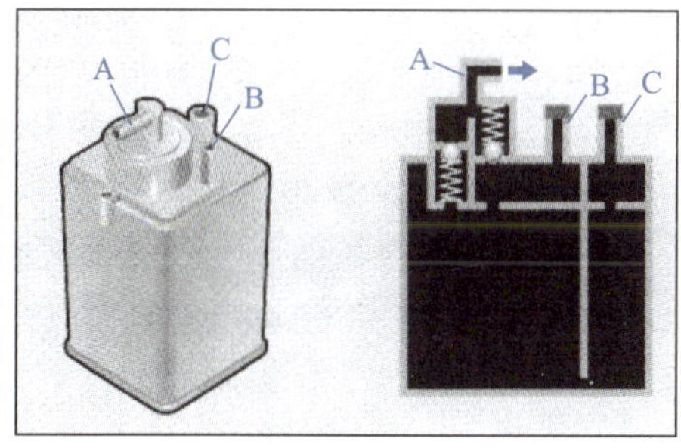

图 3-47

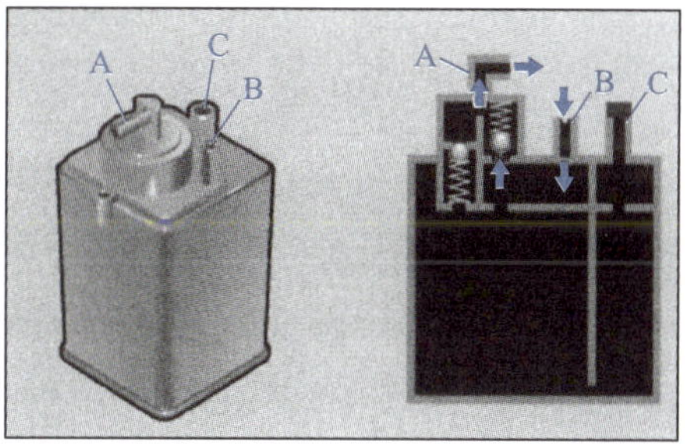

图 3-48

（3）关闭接口 C，然后向接口 A 吹入空气，空气应从接口 B 流出（图 3-49）。

（4）空气从接口 A 吹入，应从接口 B 和 C 流出（图 3-50）。

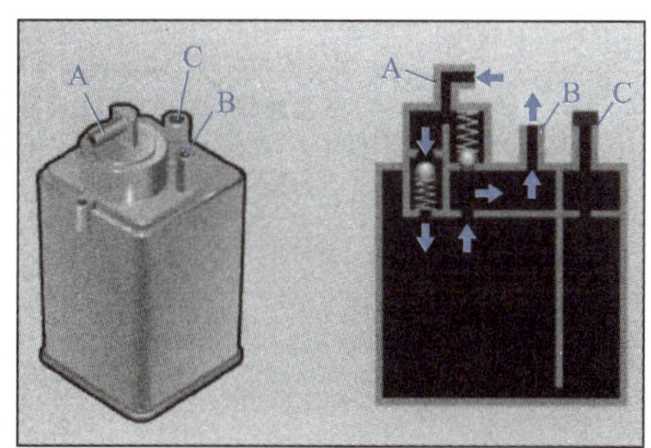

图 3-49

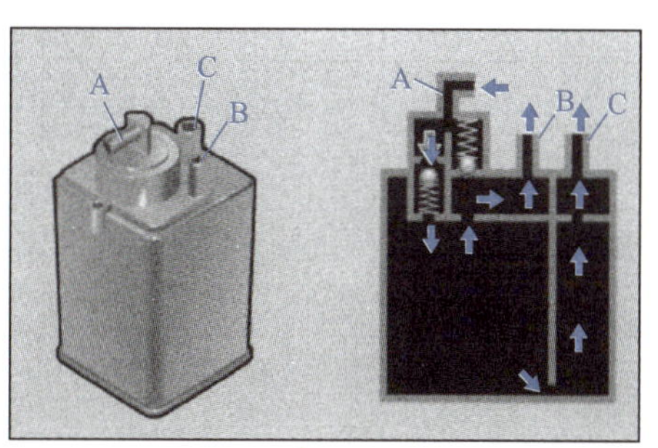

图 3-50

二、检查 PCV 系统

微课　14
PCV 阀的检查

1. PCV 阀安装

发动机怠速时，用手指夹紧 PCV 阀软管检查工作状况，工作正常会听到清晰的开闭响声（图 3-51）。

图 3-51

2. 损坏

检查软管是否有裂纹或者损坏。

发动机维护保养综合训练与考核工单

一、实训准备

1. 车辆

整车一辆。

2. 工具

举升机、机油滤清器扳手、机油回收装置、冰点检测仪、千分尺、扭力扳手、塞尺、传动带张力计、常用工具。

3. 辅助材料

机油、机油滤清器、冷却液、抹布、空气滤清器、空气压缩机、气枪。

二、实训步骤

检查项目		检查结果		维修建议		
		合格	不合格	更换	调整	添加
1	检查机油液面高度					
2	检查冷却液液面高度					
3	检查发动机机油、水泄漏					
4	清洁或更换空气滤清器					
5	检查传动皮带张紧力					

续表

检查项目		检查结果		维修建议		
		合格	不合格	更换	调整	添加
6	检查传动带					
7	检查机油、冷却液质量					
8	检查燃油、机油滤清器					
9	检查排放系统					
10	检查 PCV 阀					

三、考核表

序号	考核项目	评价标准	分值	得分
1	检查规范性	冷却液液位检查正确	5	
		冷却液泄漏检查正确	10	
		冷却液质量检查正确	5	
		机油液位检查正确	10	
		机油质量检查正确	10	
		机油滤清器更换正确	10	
		空气滤清器更换正确	5	
		传动皮带检查正确	10	
		燃油滤清器检查正确	5	
		排放系统、PCV 阀检查正确	10	
2	5S 与工作安全	出现重大安全操作失误扣 10 分		
		操作失误出现受伤扣 5 分		
		每次举升机使用（未锁止、支撑点未确认、没有提示语）每项扣 1 分		
		每次未戴手套操作气动工具扣 1 分		
		每次检查排气管未戴手套扣 1 分		
		每次轮胎自由悬挂扣 1 分		
		每次零件、工具的掉落扣 1 分		
		其他可能造成人员、车辆、设备损伤的操作酌情扣分		
		工具、量具混放扣 2 分		
		场地、设备摆放混乱；作业后整理不到位；油污未及时清理；每项扣 1 分		

续表

序号	考核项目	评价标准	分值	得分
3	工单	工单填写整齐、如实填写	5	
		工位作业前察看，作业后填写	5	
4	操作流程	操作流程合理、不重复走位	10	
5	时间性	规定时间 25 min，超时 1 min 扣 1 分		
总分				

拓展资源
发动机的维护保养

第四部分　底盘的维护保养

学习目标

- 掌握底盘的维护保养项目及正确操作方法。
- 了解不同车型底盘的维护保养方法。

考核标准

- 能够独立熟练、正确地按要求进行汽车底盘的维护保养。
- 能够正确选择、使用工具和仪器。

实训准备

场　地：理实一体化多媒体实训室

设　备：两柱式举升机、工作台、轮胎架

工量具：通用 54 件组合扳手、力矩扳手、螺旋测微计、钢板尺、气动扳手、轮胎扳手、胎压表、轮胎花纹深度规、制动液吸取工具、制动液加注工具、制动液更换工具、空气压缩机、带磁力表架的百分表、游标卡尺、制动鼓规

车　辆：每小组配备一台实训用车

备　品：工作服、工作鞋、手套、座椅套、转向盘套、脚垫、变速杆套、翼子板布、前盖、车轮挡块、车辆维修手册、齿轮油、ATF 油、肥皂水、制动液

实训 1 传动系的维护保养

电子教案
底盘的维护保养

电子课件
底盘的维护保养

项目 1 离合器的维护保养

将车辆停至在低位，安装车轮挡块和翼子板布，打开发动机盖（图 4-1）。

图 4-1

图 4-2

1. 检查离合器液位（图 4-2）

有些车型具有单独的离合器贮液罐，大多数车型离合器使用的是制动总泵贮液罐。

检查贮液罐中的液位是否在最高刻度和最低刻度之间。

注意：

如果离合器液溅到油漆表面，应立即用水漂洗。否则，离合器液将损坏油漆表面。

提示：

离合器液位不会因离合器磨损而下降，也就是说液位低说明可能漏液。

2. 检查液体渗漏

检查离合器的各部分是否有液体渗漏。检查离合器总泵、分泵及管路，以确保液体不渗漏。

3. 检查踏板性能（图 4-3）

踩下离合器踏板时，检查是否存在下述故障：

- 踏板的回弹无力
- 异常噪声
- 过度松动
- 感觉踏板沉重

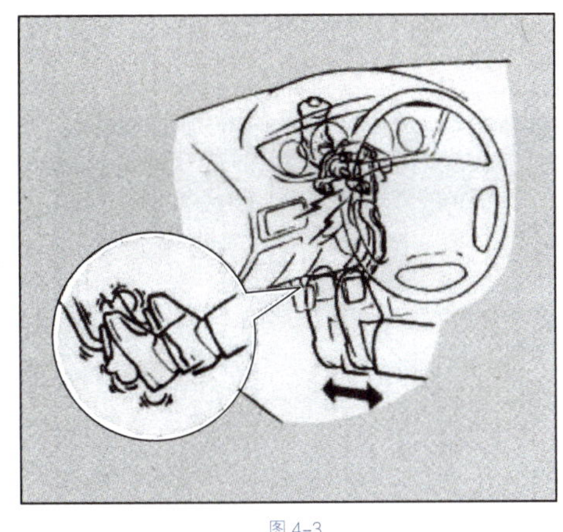

图 4-3

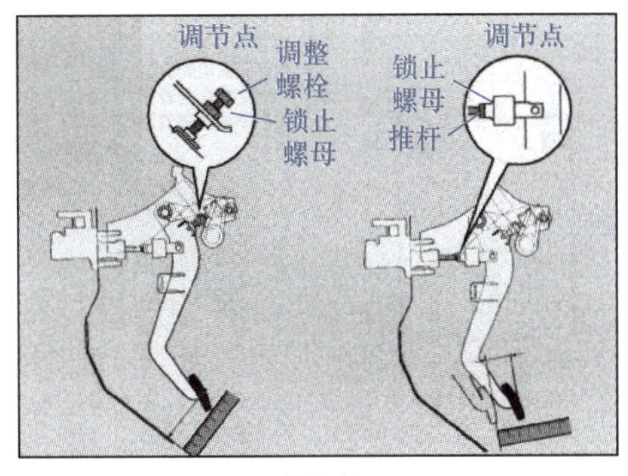

图 4-4

4. 检查踏板高度（图 4-4）

使用一把钢板尺检查离合器踏板高度是否处于标准值以内。如果超出标准范围，调整踏板高度。

提示：

测量从底板到离合器踏板上表面的距离。如果必须要从地毯表面开始测量，则从标准值中扣除地毯的厚度，或者地毯和沥青纸毡的厚度。

5. 检查踏板自由行程（图 4-5）

使用手指按压踏板并使用一把直尺测量踏板的自由行程量。检查踏板自由行程是否处于标准范围内。如果超出标准范围，应调整踏板高度。

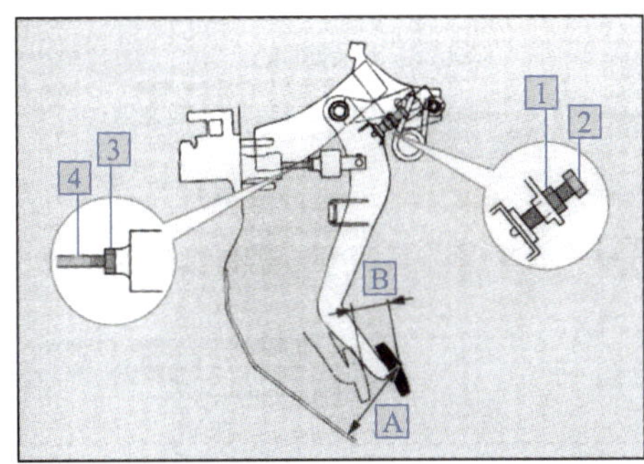

图 4-5

A—踏板高度；B—踏板自由行程；1—限位螺栓锁止螺母；2—限位螺栓；3—推杆锁止螺母；4—踏板推杆

提示：

用手指按压踏板时，感觉踏板逐渐变重的过程分两步：

第一步：踏板运动直到踏板推杆接触总泵活塞。

第二步：踏板运动直到总泵引起液压上升。

离合器分离轴承推动膜片弹簧以前，踏板发生一定量的移动，即为踏板自由行程。

维修提示

离合器踏板调整

（1）踏板高度调整

①松开限位螺栓锁止螺母。

②转动限位螺栓直到踏板高度正确。

③上紧限位螺栓锁止螺母。

（2）踏板自由行程调整

①松开推杆锁止螺母。

②转动踏板推杆直到踏板自由行程正确。

③上紧推杆锁止螺母。

④调整好踏板自由行程之后，检查踏板高度。

6. 检查离合器分离点（图 4–6）

起动发动机，使发动机怠速运转。在未踩下离合器踏板时慢慢地换挡到倒车挡。逐渐踩下离合器踏板，测量踏板的自由状态到齿轮噪声停止进入啮合位置的行程量。

微课　15
离合器的保养

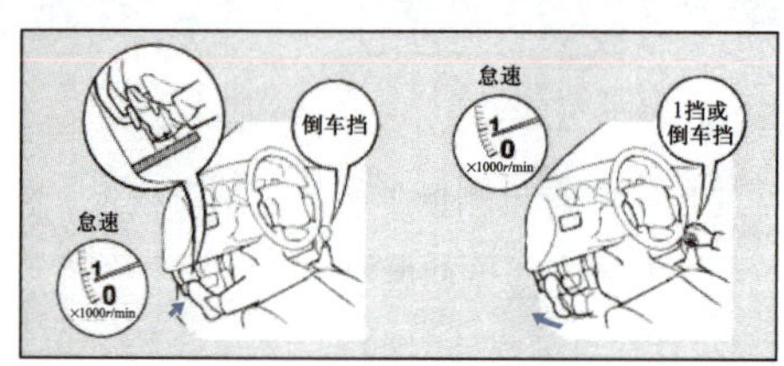

图 4–6

7. 检查离合器磨损、离合器噪声、离合器变重情况

发动机怠速时，踩下离合器踏板，换到 1 挡或者倒车挡，并检查是否有异常噪声和换挡是否平稳。同时检查在踩下踏板时，其踏板力是否可以接受。

训练与思考

根据检查情况填写下表：

序号	项目	结果
1	离合器液位	
2	液体渗漏	
3	踏板是否回弹无力	
4	踏板是否有异常噪声	
5	踏板是否过度松动	
6	是否感觉踏板沉重	
7	踏板高度	

续表

序号	项目	结果
8	踏板自由行程	
9	离合器分离点	
10	离合器是否有噪声	
11	离合器是否沉重	
12	离合器是否磨损	

项目 2　手动传动桥油位检查与更换

将车辆升至高位（图 4-7）

图 4-7

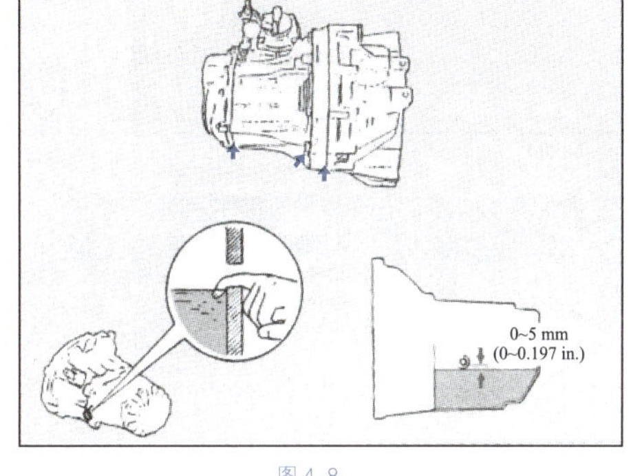

图 4-8

1. 检查手动传动桥油渗漏（图 4-8）

检查传动桥的下述区域是否漏油：

（1）壳接触面

（2）轴和拉索伸出的区域

（3）油封

（4）排放塞和加注塞

2. 检查油位

从传动桥上拆卸油加注塞。将手指插入塞孔，并且检查油与手指接触的位置是否在规定范围内。

> **小贴士**
>
> 更换手动传动桥油按维修手册要求及保养周期定期进行。

3. 更换手动传动桥油（图 4-9）

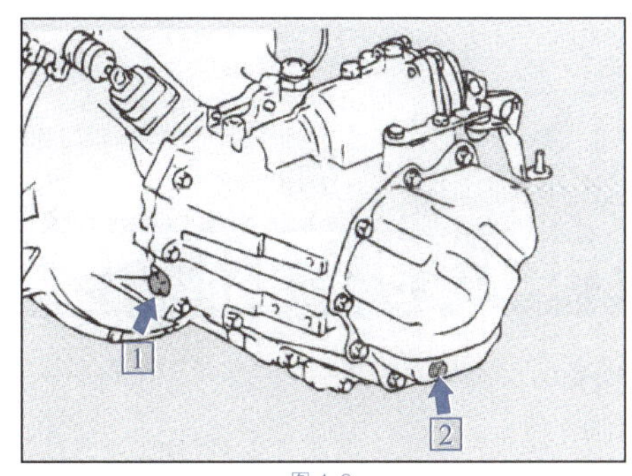

图 4-9

1—加注塞；2—排放塞

微课　16
手动传动桥油位检查

> **小贴士**
> 排放的齿轮油不可随意倾倒，要统一收集处理，以免污染环境。

（1）拆卸加注塞、排放塞和两个垫片。然后排放传动桥（变速器）油。

（2）将油排放之后，用新垫片重新安装排放塞。

（3）重新加注规定量的油。

（4）用一个新垫片重新安装加注塞。

训练与思考

车辆型号：____________________

手动传动桥的类型：____________________

根据检查情况填表：

序号	项目	结果
1	渗漏部位	
2	油位	
3	更换油量	

项目 3　自动传动桥的维护保养

1. 自动传动桥液位检查

微课　17
自动变速器油位检查

将车辆停至低位（图 4–10），起动发动机，使发动机怠速运转，按照从 P 到 L 的顺序转换换挡杆，各挡位分别停留 2 s，再从 L 拉到 P 位（图 4–11）。检查液位尺（油尺）读数是否在“热”范围内。

图 4–10

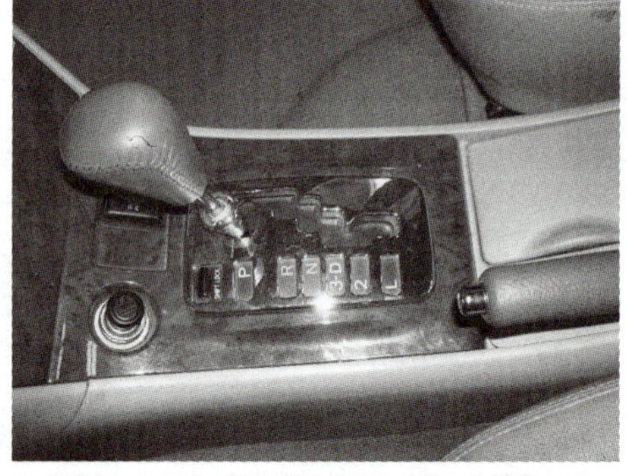

图 4–11

提示：

① 液位应当在正常运行的条件下检查（液温 75℃ ±5℃）。虽然作为一个参考点给出了冷范围标记，正确的检查还是在热范围内进行。

② 当液位较低时，检查液温并且在补充液体之前检查渗漏。

2. 检查自动传动桥油液的渗漏

将车辆升至高位（图 4–12）。

检查下列部位是否有渗漏（图 4–13）：

图 4-12

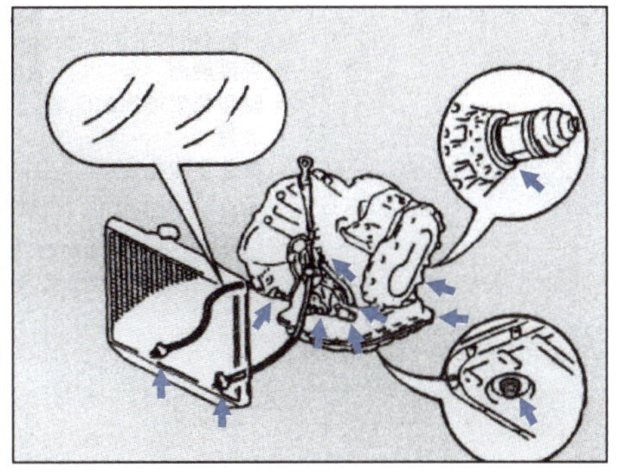

图 4-13

（1）壳接触面

（2）轴和拉索伸出的区域

（3）油封

（4）排放塞和加注塞

（5）管道和软管接头

3. 检查油冷却软管损坏

检查油冷却软管是否有裂纹、隆起或者损坏。

提示：

差速器油位检查（图 4-14）

拆卸差速器油加注塞。将手指插入塞孔，并且检查油与手指接触的位置。

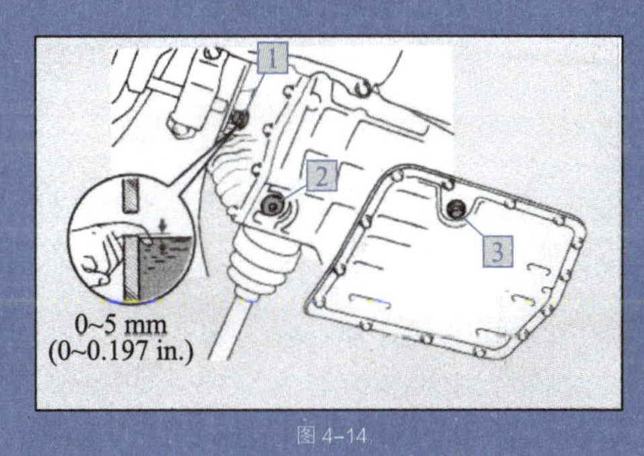

图 4-14

1—差速器加注塞；2—差速器排放塞；3—自动传动桥液排放塞

维修提示：

自动传动桥液更换（图 4-15）

(1) 拆卸排放塞和垫片，排放自动传动桥（变速器）液（ATF）。

(2) 将液体排放之后，重新安装带有一个新垫片的排放塞。

(3) 重新加注规定数量的自动传动桥（变速器）液。

(4) 检查液位。

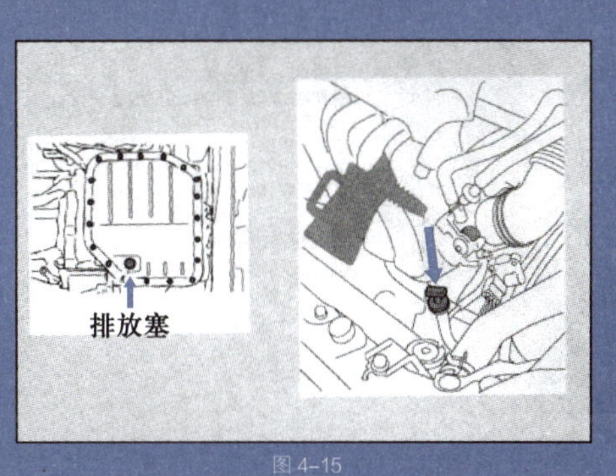

图 4-15

训练与思考

车辆类型：____________

根据检查情况填表：

序号	项目	结果
1	自动变速器油液液位	
2	自动变速器油液更换量	
3	油液渗漏情况	
4	软管损坏情况	
5	差速器油位	

项目 4 防尘套的检查

将车辆升至高位（图 4-16）

图 4-16

检查驱动轴护套（图 4-17）

图 4-17

1. 检查裂纹和其他损坏

（1）手动转动轮胎，检查驱动轴护套的整个外围是否有裂纹或者其他损坏。

（2）检查护套卡箍，是否正确安装并且没有损坏。

微课 18
防尘套的检查

2. 油脂渗漏

检查护套是否有油脂渗漏。

训练与思考

根据检查情况填表：

序号	项目	结果
1	损坏部位	
2	油脂渗漏部位	

实训 2　行驶系的维护保养

项目 1　车轮的维护保养

使用两柱式举升机将汽车升至中位(图 4-18)。身体直立，双手平举，与车轴高度一致。

使用气动扳手，按照交叉顺序拆卸车轮螺栓。然后拆卸车轮（图 4-19、图 4-20）。

图 4-18

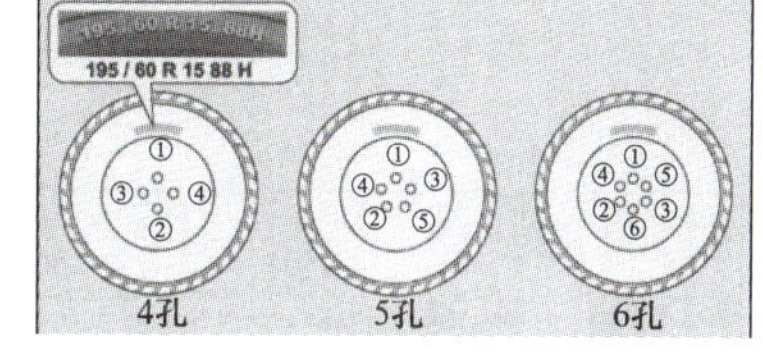

图 4-19

注意：

在使用气动扳手前一定要确定旋向正确。

图 4-20

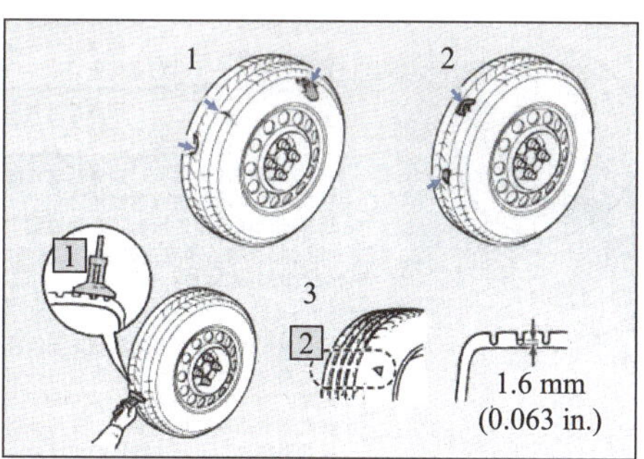

图 4-21

1—轮胎深度规；2—胎面磨耗指示标记

1. 检查轮胎裂纹或者损坏（图 4-21）

检查轮胎胎面和胎侧是否有裂纹、割痕或者其他损坏。

2. 检查嵌入金属微粒或者异物

检查轮胎的胎面和胎侧是否嵌入金属微粒、石子或者其他异物。

3. 检查胎面深度

使用轮胎深度规测量轮胎的胎面深度。同时可以通过观察轮胎表面的胎面磨耗指示标记检查胎面深度。

4. 检查异常磨损（图 4-22）

检查轮胎的整个外围是否有不均匀磨损和阶段磨损。

5. 检查轮胎气压

使用气压表检查轮胎气压。若不足，使用压缩空气充至规定气压以上，再放气至规定气压。

6. 检查漏气

检查气压后，通过在气门周围涂肥皂水检查是否漏气。

微课 19
胎压表的使用

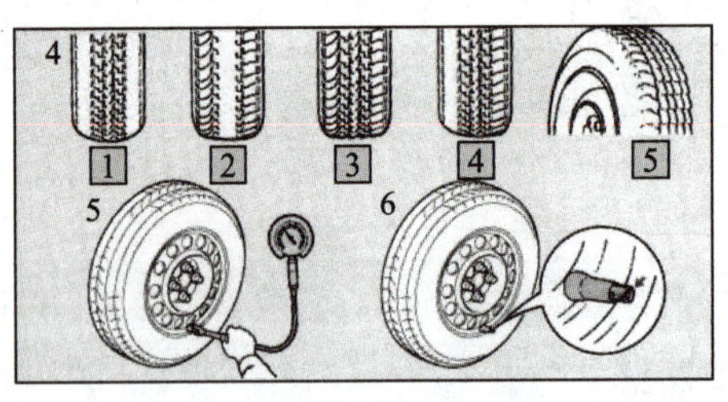

图 4-22

1—双肩磨损；2—中间磨损；3—薄边磨损；
4—单肩磨损；5—根部磨损

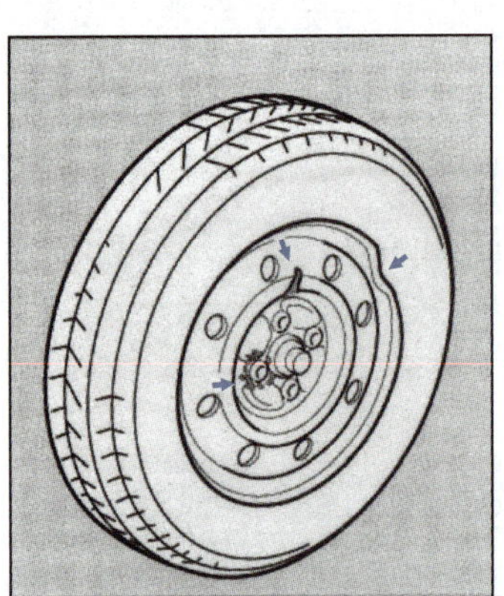

图 4-23

微课 20
车轮的检查

7. 检查轮辋（图 4-23）

检查轮辋是否损坏、腐蚀、变形和跳动。

注意：

备胎也要做上述 1~7 项检查。

8. 轮胎换位

根据车辆类型，按图 4-24 所示方法进行轮胎换位。

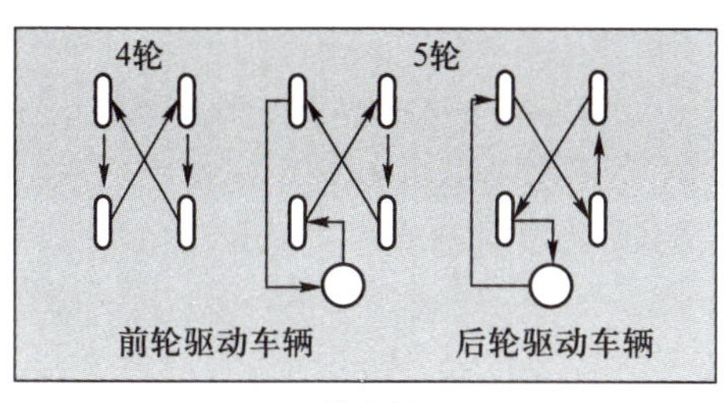

图 4-24

图 4-25

微课 21
车轮换位

9. 轮胎安装（图 4-25）

使用轮胎扳手，按照交叉顺序以较小的力矩安装车轮螺栓。

将车辆降至低位，轮胎触及地面（图 4-26）。

图 4-26

图 4-27

> **小贴士**
>
> 更换下的废旧轮胎，要统一收集处理，以免污染环境。

10. 车轮螺栓重新上紧（图 4-27）

使用定力矩扳手按照交叉顺序将螺栓上紧至规定的扭矩。

训练与思考

根据保养过程填写下表：

序号	项目	左前轮	左后轮	右前轮	右后轮	备胎
1	裂纹					
2	胎面深度					
3	异常磨损					
4	胎压					
5	漏气					
6	轮辋损坏					

项目 2 螺栓紧固及悬架的检查

使用相应类型和型号的扳手检查下列螺母和螺栓是否松动，若松动，使用力矩扳手拧紧至规定力矩。

1. 检查车身螺母及螺栓

将车辆停至低位（图 4–28），检查下述区域的螺栓和螺母是否松动（图 4–29）：

（1）座椅安全带（在各门位置）

（2）座椅（在各门位置）

（3）门（在各门位置）

（4）发动机盖（在前面）

（5）后备厢盖（在后面）

图 4–28

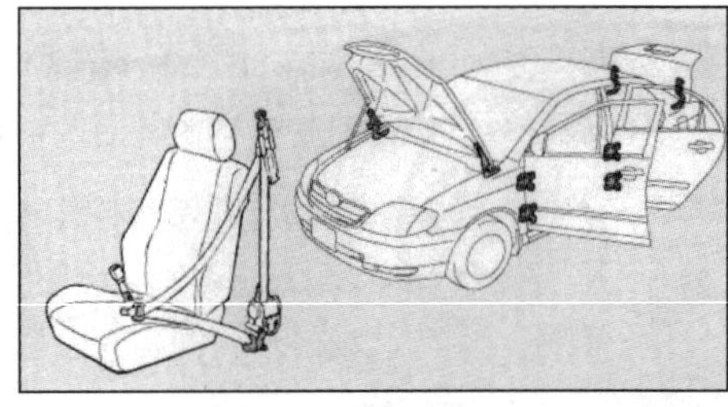

图 4–29

2. 检查底盘螺栓和螺母

微课　22
底盘螺栓检查

将车辆升至高位（图 4–30）。

检查下述底盘连接的螺栓和螺母是否松动（图 4–31、图 4–32、图 4–33）：

1 —中间梁 × 车身

2 —下臂 × 横梁

图 4–30

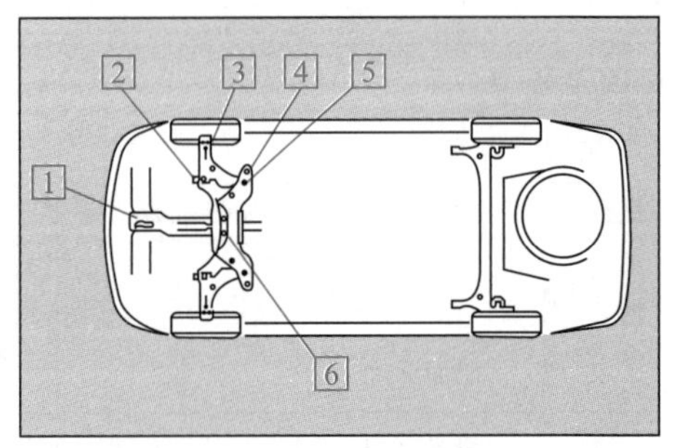

图 4–31

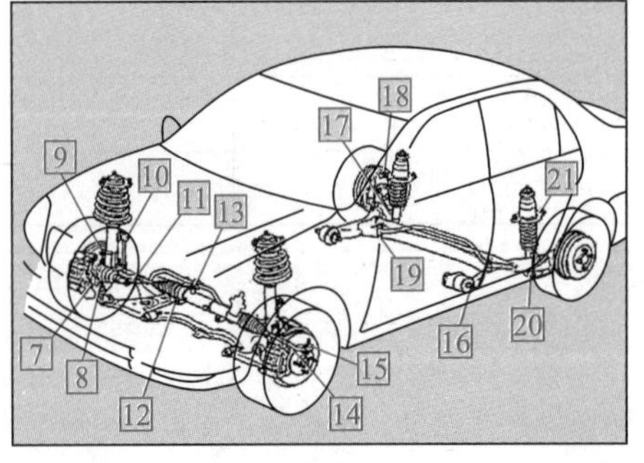

图 4–32

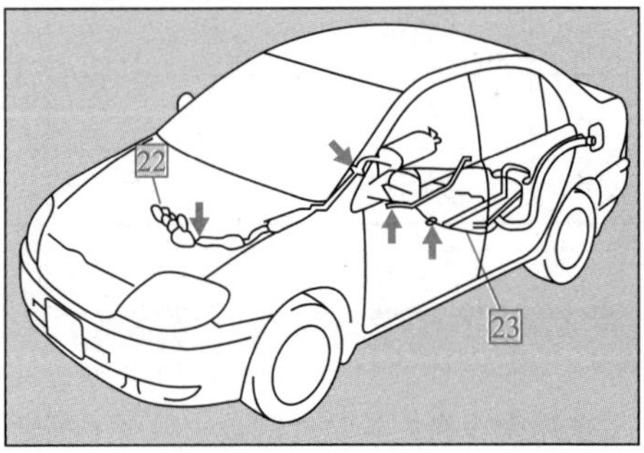

图 4–33

3 —球节 × 下臂
4 —横梁 × 车身
5 —下臂 × 横梁
6 —中间梁 × 横梁
7 —盘式制动器扭矩板 × 转向节
8 —球节 × 转向节
9 —减振器 × 转向节
10 —稳定杆连接杆 × 减振器
11 —稳定杆 × 稳定杆连接杆
12 —转向机外壳 × 横梁
13 —稳定杆 × 车身
14 —横拉杆端头锁止螺母
15 —横拉杆端头 × 转向节
16 —拖臂和桥梁 × 车身
17 —拖臂和桥梁 × 后轮毂
18 —制动分泵 × 背板
19 —稳定杆 × 拖臂和桥梁
20 —减振器 × 拖臂和桥梁
21 —减振器 × 车身
22 —排气管
23 —燃油箱

3. 悬架的检查

（1）检查弹簧损坏（图 4-34）

检查下述各悬架组件是否损坏：

1 —转向节
2 —减振器
3 —螺旋弹簧
4 —稳定杆
5 —下臂
6 —拖臂和桥梁

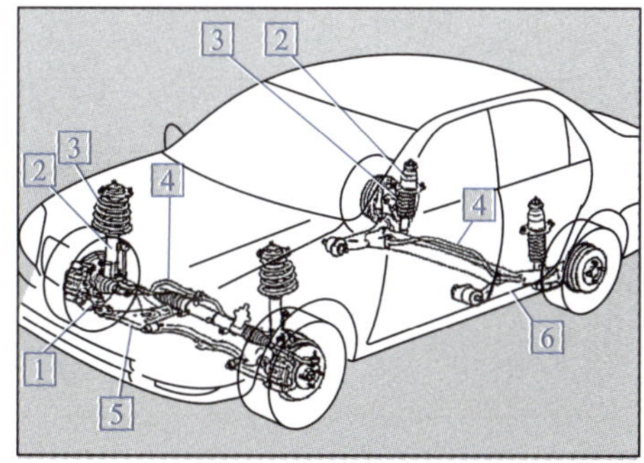

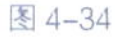

图 4-34

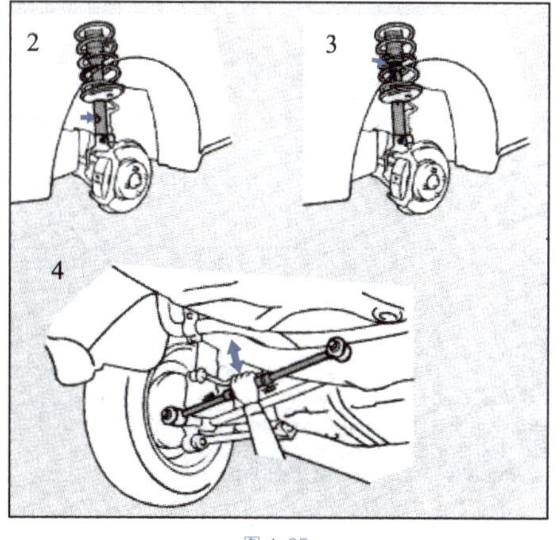

图 4-35

（2）检查减振器损坏（图 4-35）。检查减振器上是否有凹痕。另外，检查防尘罩上是否有裂纹、裂缝或者其他损坏。

（3）检查减振器漏油（图 4-35）。

（4）检查连接摆动（图 4-35）。通过用手摇晃悬架接头上的连接检查衬套是否磨损或者有裂纹，并且检查是否摆动。

训练与思考

车辆类型：____________

根据检查的螺母和螺栓填写下表：

序号	项目	拧紧力矩	是否松动
1			
2			
3			
4			
5			
6			
7			
8			
9			
10			
11			
12			
13			
14			
15			
16			
17			
18			
19			
20			

实训 3 转向系的维护保养

项目 1 转向盘的检查

将车辆停至低位，安装车轮挡块（图 4-36）。

1. 检查转向盘的自由行程（图 4–37）

在配备动力转向系统的车辆上，起动发动机，使车辆笔直向前。轻轻移动转向盘，使用一把直尺测量在车轮就要开始移动时，转向盘的移动量（自由行程）。

2. 检查转向盘的松动和摆动

用两手握住转向盘，轴向、垂直地或者向两侧移动转向盘，检查其松动或者摆动情况。

图 4–36

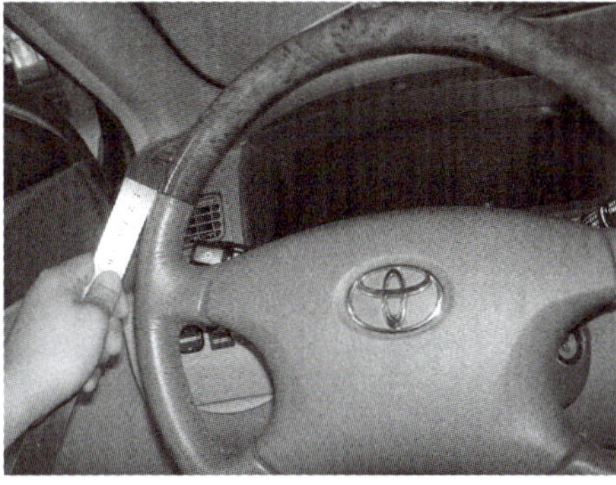

图 4–37

提示：

在配备倾斜转向或者伸缩转向系统的车上，在转向盘整个移动范围内检查松动情况。

3. 检查转向盘锁止

将点火开关转动到 ACC，转向盘保持可自由转动，取下点火开关，转向盘锁止，应不能自由转动。

训练与思考

根据检查情况填写下表：

序号	项目	结果
1	自由行程	
2	松动和摆动情况	
3	锁定	

项目 2　动力转向油位检查

1. 液位检查（图 4–38）

（1）发动机怠速运转，在保持汽车原地不动时转动转向盘数次，以便使转向液温度上升到 40 ~ 80 ℃之间，然后，转动转向盘到中间位置。

（2）停止发动机。

（3）检查贮液罐中的液位是否处于规定的范围内。

（4）检查发动机运行和停止时的液位偏差是否在 5 mm 以内。同时，检查液体是否起

微课　23

动力转向液检查

泡或者乳化。

图 4-38

注意：

不要使转向盘完全停留在任何一侧超过 10 s。

2. 检查液体渗漏

检查与贮液罐相连的软管是否渗漏。

训练与思考

根据检查情况填写下表：

序号	项目	结果
1	液位	
2	液位偏差	
3	渗漏	

项目 3 转向传动机构和转向器的检查

一、检查转向球节

1. 球节的上下滑动间隙检查

（1）使用制动踏板压力器保持制动踏板被踩下（图 4-39）。

（2）前轮垂直向前，举起车辆并且在一个前轮下放一高度为 180~200 cm 的木块（图 4-40）。

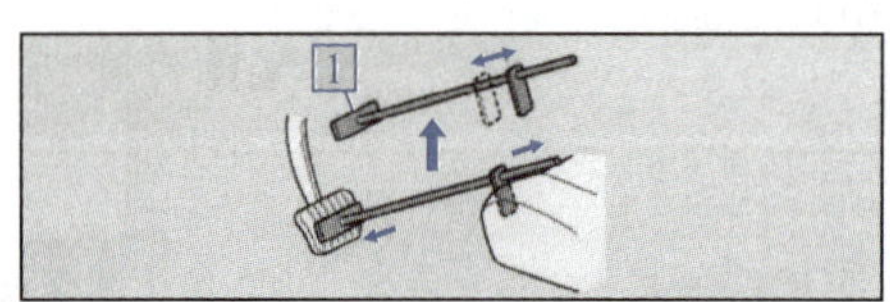

图 4-39

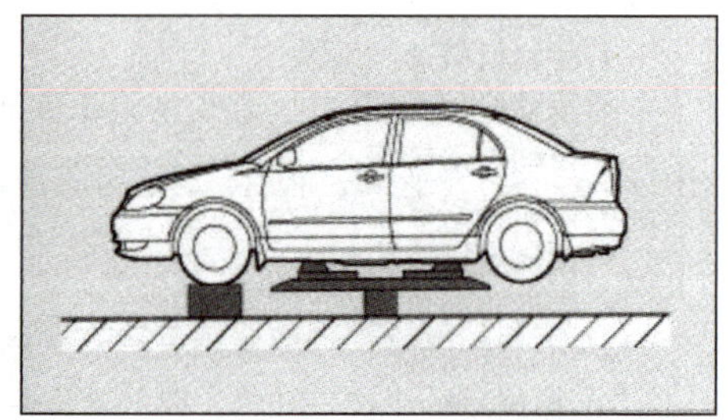

图 4-40

（3）放低举升器直到前螺旋弹簧承载一半的负荷。

（4）再次确认前轮笔直向前。

（5）在下臂的末端使用工具检查球节的上下滑动间隙（图 4-41）。

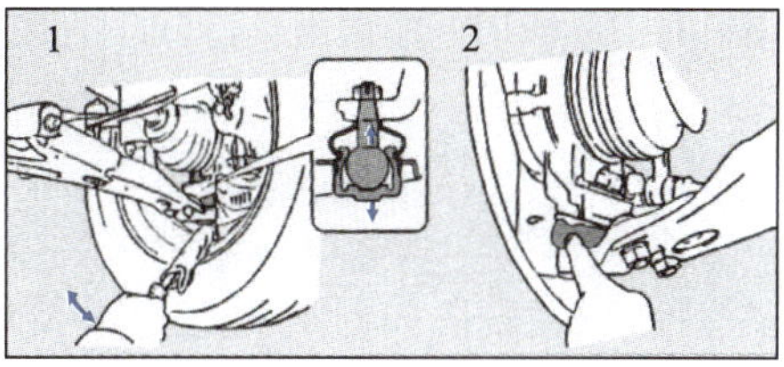

图 4-41

2. 检查球节防尘罩

检查球节防尘罩是否有裂纹、撕裂或者其他损坏。

二、检查转向传动机构

将车辆举升至高位（图 4-42）

图 4-42

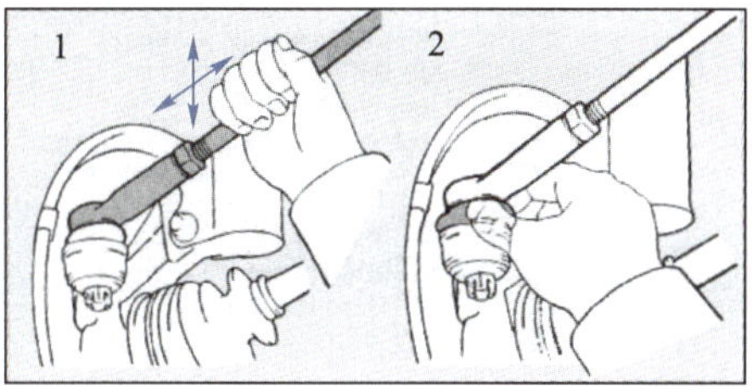

图 4-43

1. 松动和摆动的检查（图 4-43）

用手摇晃转向传动机构检查是否松动或者摆动。

2. 弯曲和损坏的检查

（1）检查转向传动机构是否弯曲或者损坏。

（2）检查防尘罩是否有裂纹或者破损。

三、机械转向器的检查（图 4-44）

检查齿轮箱是否有润滑脂或者机油渗漏（或者浸润）。如果是齿轮—齿条式转向器，转动轮胎，检查齿条护套是否有裂纹或者破损。

四、齿轮—齿条式动力转向器的检查（图 4-45）

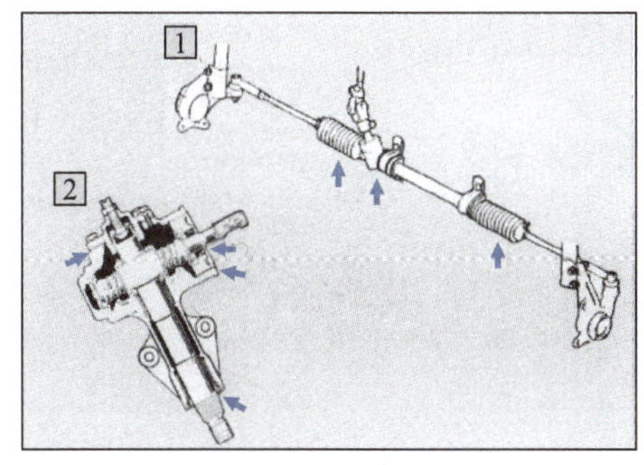

图 4-44

1—齿轮－齿条式转向器；2—循环球式转向器

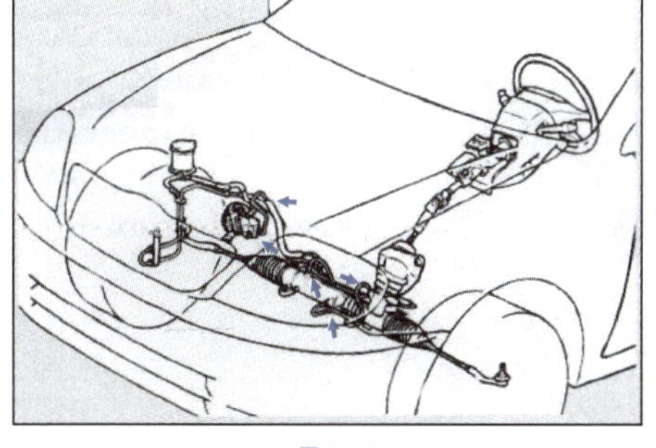

图 4-45

1. 检查液体渗漏

检查下列部位动力转向液是否渗漏：

（1）齿轮箱

（2）PS 叶轮泵

（3）液体管路和连接点

2. 检查裂纹和其他损坏

检查 PS 软管是否有裂纹和其他损坏。

五、循环球式动力转向器的检查（图 4-46）

1. 检查液体渗漏

检查动力转向液是否渗漏。

（1）齿轮箱

（2）PS 叶轮泵

（3）液体管路和连接点

2. 检查裂纹和其他损坏

检查 PS 软管是否有裂纹和其他损坏。

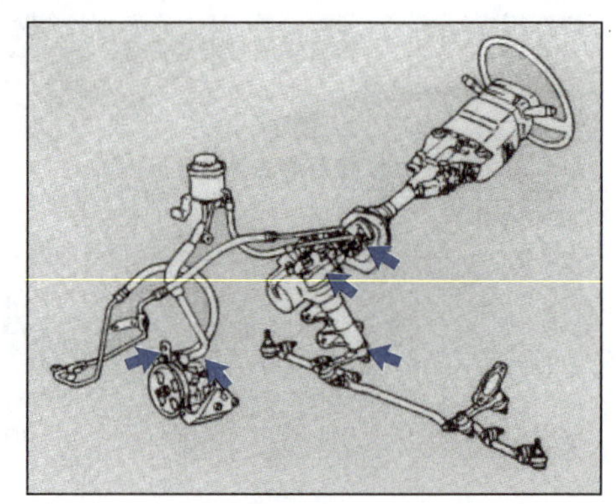

图 4-46

训练与思考

根据检查情况填写下表：

车辆类型：________________

转向系类型：________________

序号	项目	结果
1	转向球节	
2	转向传动机构	
3	转向器	

实训 4 制动系的维护保养

项目 1 制动液液位及制动管路的检查

一、制动液液位检查（图 4-47）

将车辆停至低位（图 4-48）

1. 液位检查

检查制动总泵的贮液罐中的液位是否在最高线（MAX）和最低线（MIN）之间。

图 4-47

图 4-48

提示：

① 如果制动衬片或者制动器摩擦片磨损，制动液液位就会下降。

② 如果制动液液位明显偏低，则需要检查制动系统是否渗漏。

2. 检查液体渗漏

检查制动总泵是否有渗漏。

二、发动机舱的制动管路检查（图 4-49）

1. 检查液体渗漏

检查制动管路是否有制动液渗漏。

2. 检查损坏

检查制动软管和管道是否有裂纹和老化。

3. 检查安装

检查制动软管和管道的安装是否正确。

（1）需要在各软管和管道上安装管箍。

（2）软管和管道不得干扰其他部件。

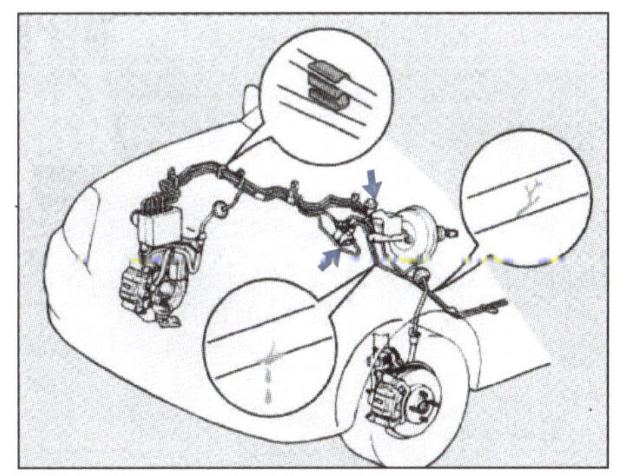
图 4-49

三、底盘的制动管路检查

将车辆升至高位（图 4-50）

图 4-50

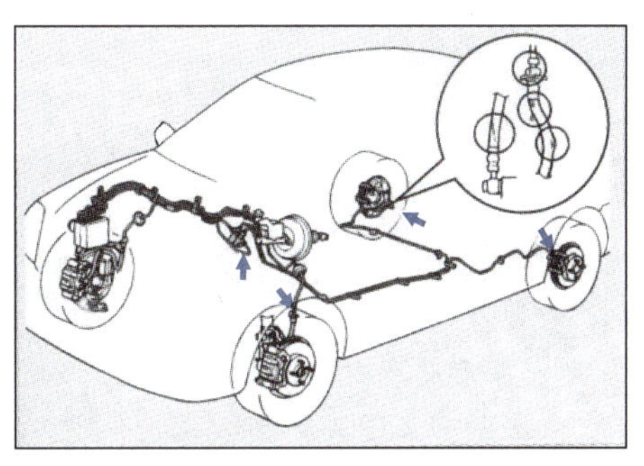
图 4-51

1. 检查液体渗漏

检查制动管路连接部分是否有液体渗漏。

2. 检查制动管路是否损坏（图 4–51）

（1）检查制动管路是否有凹痕或者其他损坏。

（2）检查制动管路软管是否扭曲、磨损、开裂、隆起等。

提示：

如果保护盖上有飞石的痕迹，制动管路可能有相同的损坏。

3. 检查安装状况（图 4–52）

检查制动管路，确保车辆运动时，或者转向盘完全转动到任何一侧时，不会因为振动而与车轮或者车身接触。

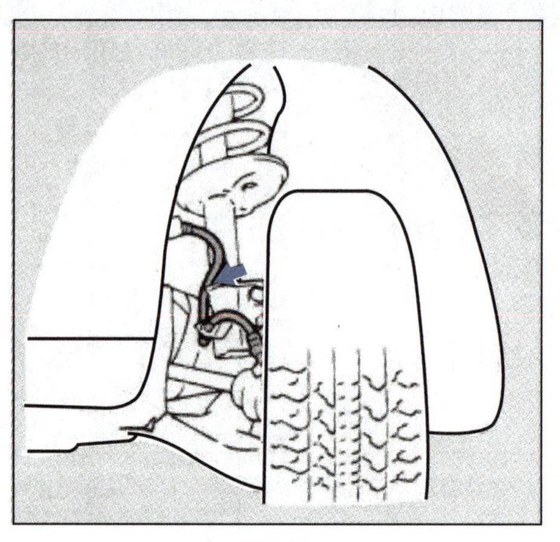

图 4–52

训练与思考

根据检查情况填写下表：

序号	项目	结果
1	液位	
2	管路	
3	安装	

项目 2 制动液的更换

1. 将车辆停至低位（图 4–53）
2. 安装制动液吸取工具
3. 从制动总泵的贮液罐中排放制动液（图 4–54）。
4. 安装制动液加注工具（图 4–55）。
5. 将车辆升至中位（图 4–56）

6. 使用制动液更换工具，按照下述顺序更换制动液（图 4-57）：

- 左前
- 左后
- 右后
- 右前

图 4-53

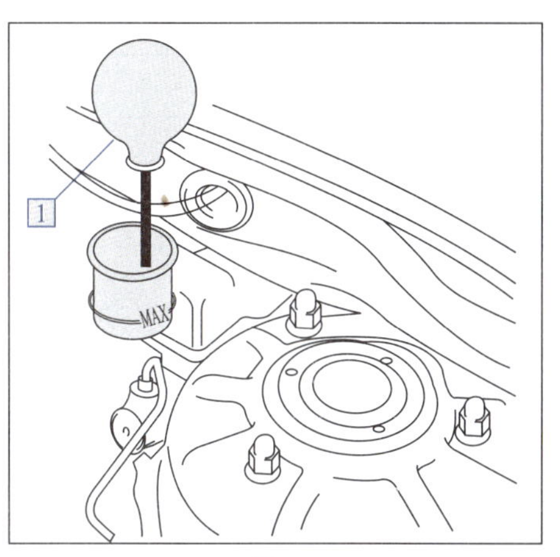

图 4-54

1—吸取工具

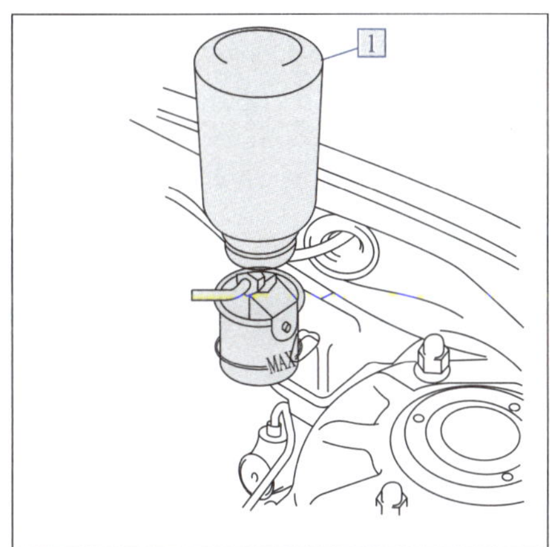

图 4-55

1—制动液加注工具

图 4-56

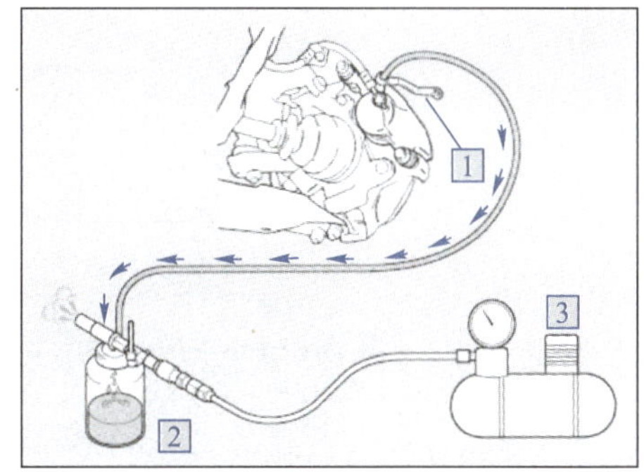

图 4-57

1—梅花扳手；2—制动液更换工具；3—空气压缩机

微课　24
制动液的更换

注意：

带有液压制动助力器或者 ABS 的制动系统，可能要求特殊的操作，详情请参考维修手册。

训练与思考

根据制动液更换过程填写下表：

序号	项目	结果
1	车辆是否装有 ABS 系统	
2	加注的制动液的型号	
3	制动液的加注量	
4	制动液应多长时间更换一次	
5	是否可以通过目测判断制动液的质量	

项目 3　制动踏板的检查

将车辆停至低位（图 4-58）

图 4-58

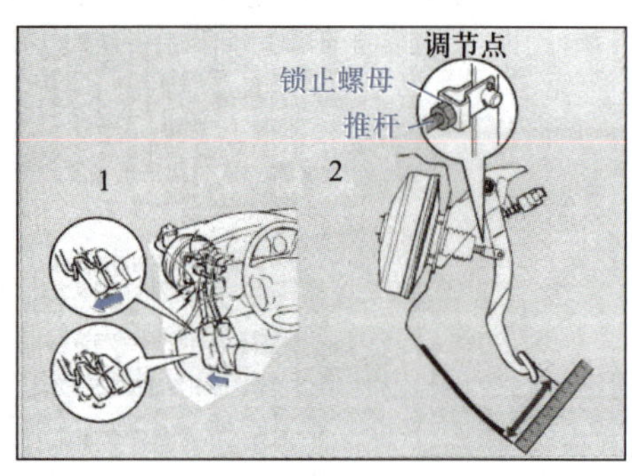

图 4-59

1. 制动踏板工作状况检查（图 4-59）

检查制动踏板是否存在下述故障：

- 反应灵敏度低
- 踏板不完全落下
- 异常噪声
- 过度松动

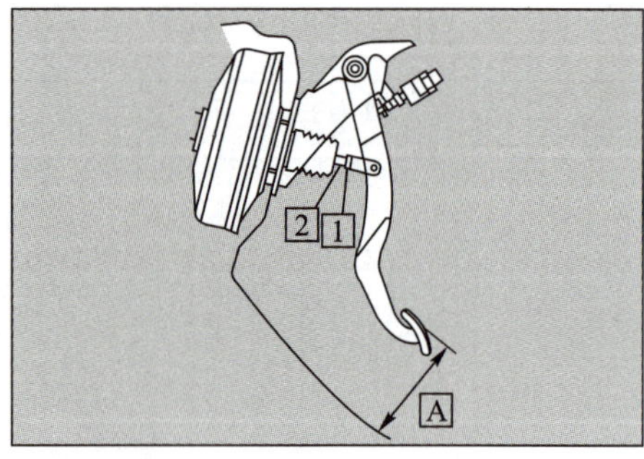

图 4-60

A—踏板高度；1—锁止螺母；2—踏板推杆

2. 踏板高度检查

使用一把直尺测量制动踏板高度。如果超出规定范围，应调整踏板高度。

3. 制动踏板高度调整（图 4-60）

（1）松开锁止螺母。

（2）转动踏板推杆直到踏板高度正确。

（3）上紧锁止螺母。

（4）调整好踏板高度之后，检查踏板自由行程。

4. 制动踏板自由行程的检查（图 4-61）

停止发动机，踩下几次制动踏板，以便解除制动助力。然后，用手指轻轻按压制动踏板并且使用一把直尺测量制动踏板自由行程。对于配备了液压制动助力器的车辆，至少要踩下制动踏板 40 次。

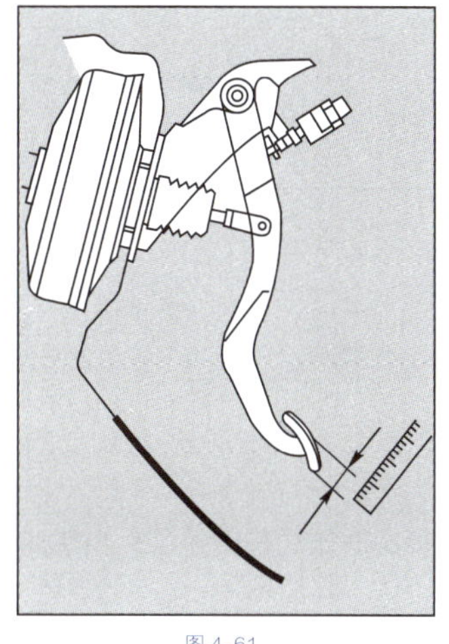

图 4-61

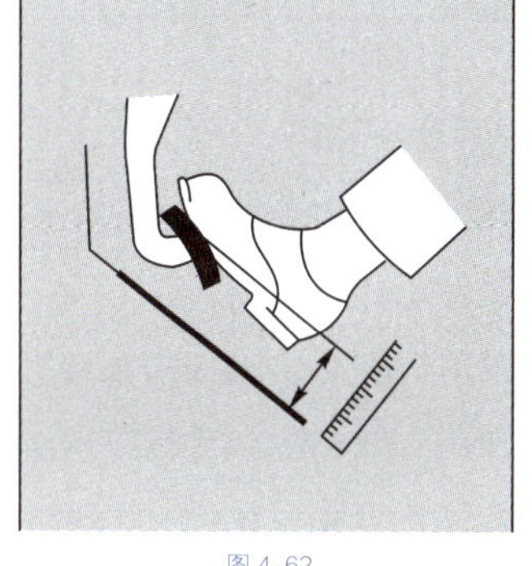

图 4-62

5. 踏板行程余量的检查（图 4-62）

使发动机运转，松开驻车制动器，使用 490 N（50 kgf）的力踩下制动踏板，然后使用一把直尺测量踏板行程余量，以便检查其是否处于规定的范围内。

训练与思考

根据检查情况填写下表：

序号	项目	结果
1	踏板状况	
2	踏板高度	
3	踏板自由行程	
4	踏板行程余量	
5	应先检查踏板高度还是先检查踏板自由行程	

项目 4　真空助力器性能检查

车辆停至低位（图 4-63）

1. 助力性检查（图 4-64）

（1）发动机停机。

（2）连续踩制动踏板数次。

（3）要求制动踏板高度应无变化，且无异响。

（4）踩住制动踏板，起动发动机。

（5）制动踏板应继续下沉。

图 4-63

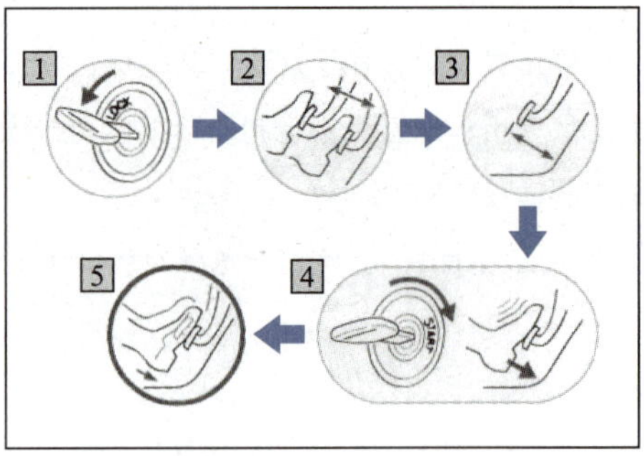

图 4-64

2. 气密性检查（图 4-65）

检查是否维持了制动助力器中的真空。

（1）起动发动机。

（2）让发动机运转 1 ~ 2 min 后停机。

（3）踩压制动踏板数次，检查制动踏板在每次踩压后是否返回距离越来越大。

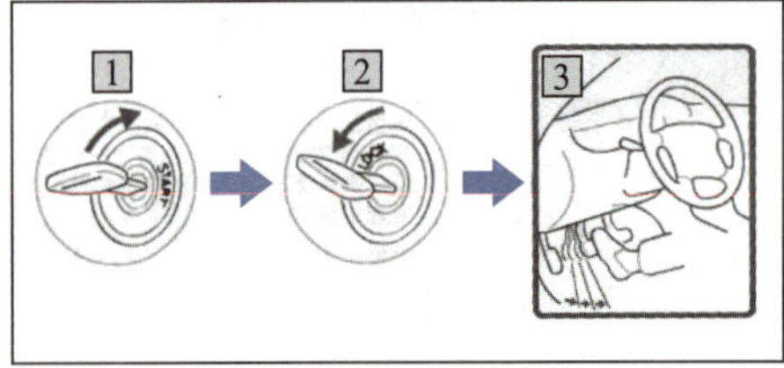

图 4-65

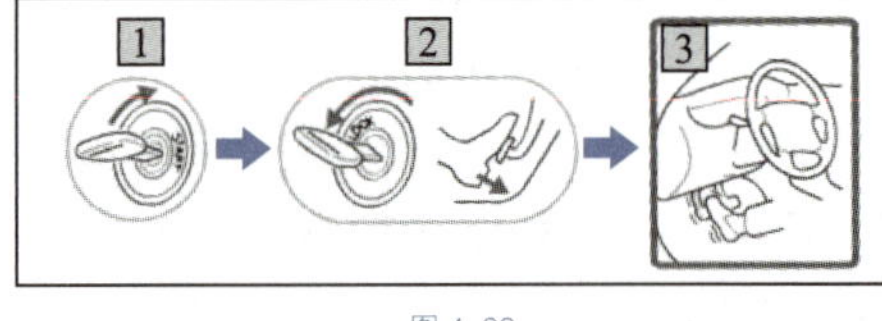

图 4-66

微课　25
制动踏板及真空助力器性能检查

3. 真空检查（图 4-66）

检查制动助力器室中的真空压力是否泄漏。

（1）起动发动机。

（2）踩下制动踏板，停机。

（3）保持 30 s 后检查制动踏板高度是否有变化。

训练与思考

根据检查情况填写下表：

序号	项目	结果
1	助力性	
2	气密性	
3	真空性	

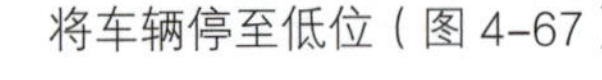

项目 5　驻车制动性能检查

将车辆停至低位（图 4-67）

图 4-67

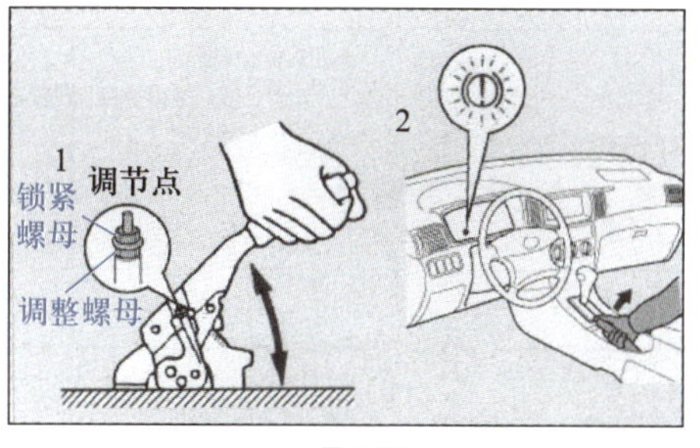

图 4-68

微课　26
驻车制动器检查

1. 检查驻车制动杆行程（图 4-68）

检查并确保驻车制动杆拉动时，驻车制动杆行程在预定的槽数内（拉动时可以听到“咔嗒”声），一般为 5 ~ 8 响。如果不符合标准，调整驻车杆的行程。

提示：

当驻车制动杆行程超出规定值，则调整后制动蹄片或驻车制动蹄片的间隙，然后再检查。

2. 检查指示灯的工作情况

在点火开关位于“ON”时，检查当驻车制动杆在到达第一个槽口时，指示灯就已经发光。

维修提示：

驻车制动杆行程调整（图 4-69）

调整驻车制动杆（或者踏板）行程之前，确保驻车制动蹄片间隙已经调整好。

(1) 松开锁止螺母。

(2) 转动调整螺母或者调整六角螺栓直到驻车制动杆或者踏板行程已经正确。

(3) 上紧锁止螺母。

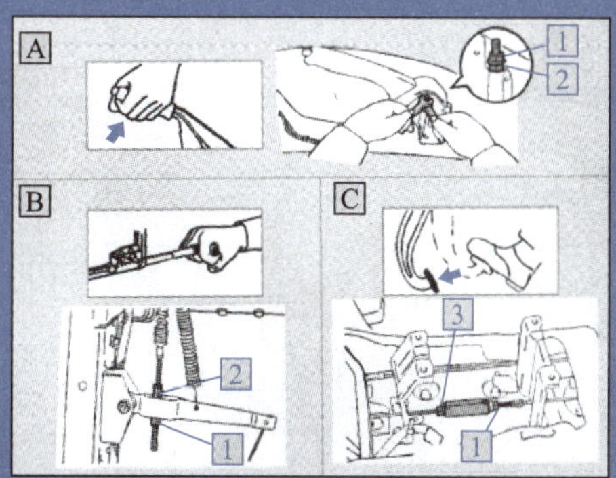

图 4-69

A- 中央手柄类型；B- 拉杆类型；C- 踏板类型；
1- 锁紧螺母；2- 调整螺母；3- 调整六角螺栓

训练与思考

根据检查结果填写下表：

序号	项目	结果
1	驻车制动杆行程	
2	指示灯是否工作	
3	是否需要调整	

项目 6　制动器维护保养

将车辆升至中位（图 4-70）

拆卸车轮（图 4-71）

使用气动扳手按规定次序拆下车轮螺栓，拆下车轮。

一、盘式制动器的维护保养（图 4-72）

拆下制动钳螺栓，用线将制动钳吊起。取下制动器摩擦片。

微课　27
制动器的检查

图 4-70

图 4-71

1. 检查制动器摩擦片厚度（图 4-73）

（1）使用一把直尺测量制动器摩擦片的厚度。

（2）检查制动器摩擦片是否有不均匀磨损。如果制动器摩擦片的厚度低于磨损极限，则应更换制动器摩擦片。

图 4-72

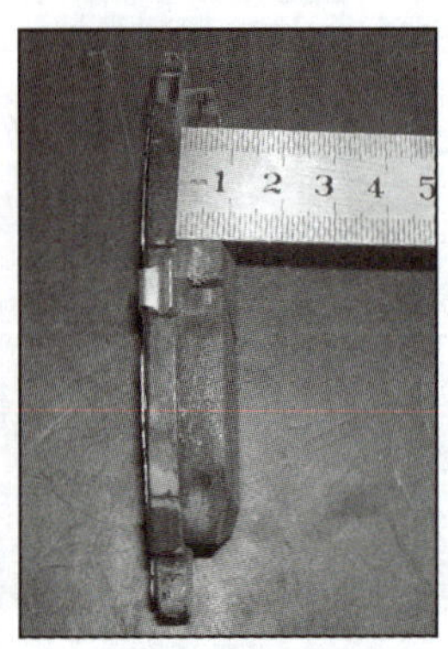

图 4-73

提示：

根据从上一次检查到现在的制动器摩擦片的磨损，估计制动器摩擦片在下一次检查时的情况。如果估计制动器摩擦片的厚度将会小于可接受的磨损值时，建议车主更换制动器摩擦片（图 4–74）。

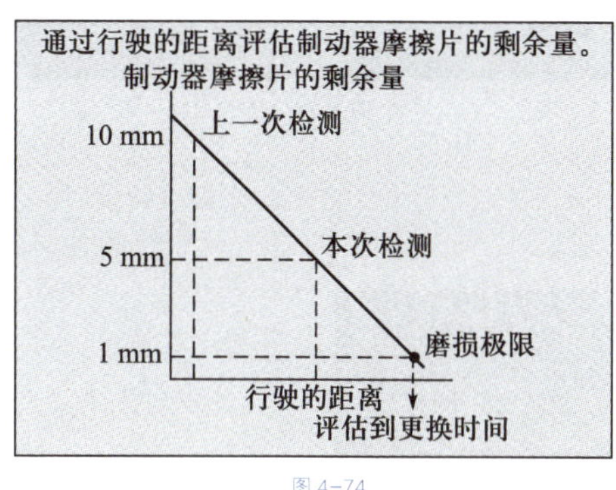

图 4–74

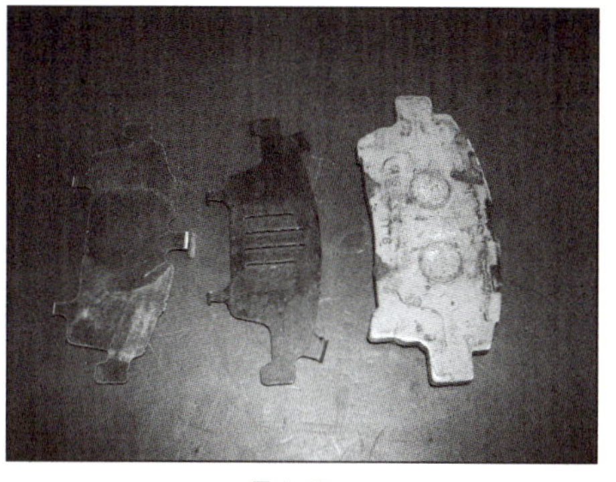

图 4–75

2. 制动器摩擦片的更换（图 4–75）

（1）更换磨损的制动器摩擦片，消音垫片和磨损指示板必须连同制动器摩擦片一起更换。

（2）在消音垫片上涂盘式制动器润滑脂并在制动器摩擦片上安装消音垫片。

（3）安装两个带消音垫片的制动器摩擦片。确保制动器摩擦片或者制动盘的摩擦表面没有机油或者润滑脂。

为了防止制动液从制动贮液罐中溢出，应抽取少量的制动液。

（4）使用锤柄或者类似的工具，将活塞推入。

（5）安装制动卡钳。

（6）踩下制动踏板数次，并且检查制动液液位是否处于“满”刻度上。如果推入活塞困难，在推入活塞的同时松开放气塞以便排放一些制动液。

小贴士

在确保安全的前提下，延长更换周期。

3. 检查制动盘的磨损和损坏

检查制动盘上是否有刻痕、不均匀或者异常磨损以及裂纹和其他损坏。

4. 检查制动盘的厚度（图 4–76）

使用螺旋测微计测量制动盘厚度。注意测量位置应为制动器摩擦片工作位置，且应在测量位置直接读取测量结果。

5. 检查制动盘端跳动（图 4–77）

使用一个百分表测量制动盘跳动。

（1）使用轮毂螺母临时固定制动盘。

（2）测量制动盘跳动以前，检查车轮轴承的游隙是否在规定的范围以内。

图 4-76

图 4-77

6. 检查制动液渗漏（图 4-78）

检查制动轮缸中是否有液体渗漏。

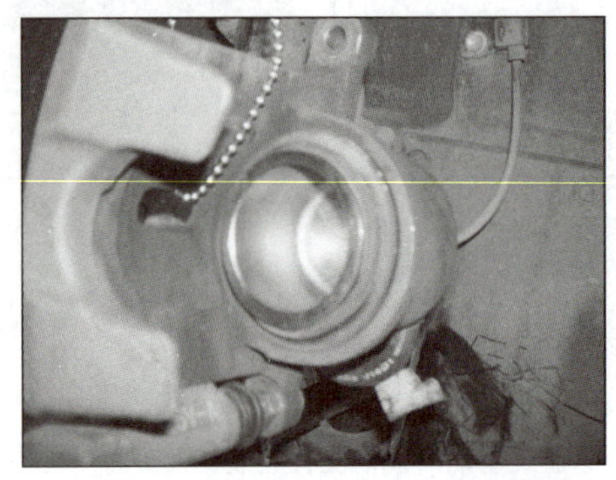
图 4-78

注意：

如果制动液溅出或者粘在油漆上，应立即用水漂洗。否则将损坏油漆表面。

二、制动盘内有制动鼓型的驻车制动系统的检查（图 4-79）：

1. 检查行车制动器摩擦片厚度（图 4-80）
2. 检查制动盘的磨损和损坏
3. 检查制动盘的厚度（图 4-81）
4. 检查制动盘端跳动（图 4-82）

图 4-79

图 4-80

图 4-81

图 4-82

5. 检查制动液渗漏

拆卸盘式制动卡钳和制动盘

6. 检查制动蹄片滑动区域的磨损

（1）手动移动制动蹄片，检查制动蹄片移动是否顺利。

（2）检查制动蹄片和背板的接触面是否有磨损。

（3）检查制动蹄片和背板的接触面是否生锈。

7. 测量驻车制动摩擦片的厚度（图 4-83）

使用一把直尺测量制动摩擦片的厚度。

8. 检查制动摩擦片的损坏

检查制动摩擦片是否有任何碎屑、层离或者其他损坏。

9. 测量制动盘内径（图 4-84）

使用一个制动鼓规或者游标卡尺测量制动盘的内径。

10. 检查制动盘磨损和损坏

检查制动盘是否有任何磨损或者损坏。安装制动盘和制动卡钳。

图 4-83

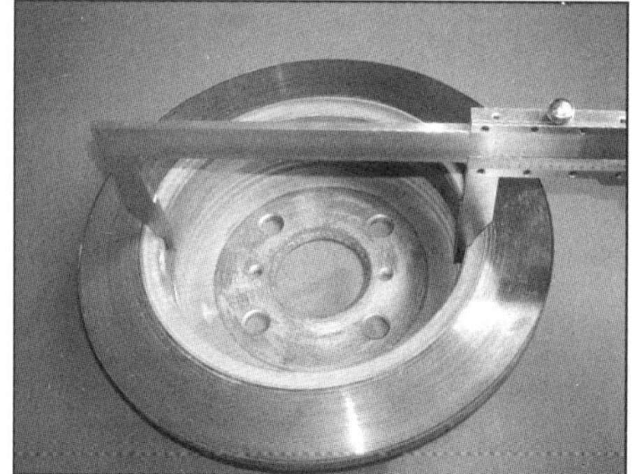

图 4-84

11. 调整驻车制动蹄片间隙（图 4-85）

（1）临时安装轮毂螺母。

图 4-85

图 4-86

（2）拆卸孔塞（图 4-86），转动调节器并扩展制动蹄片直到制动盘锁定。

（3）回退调节器 8 个槽口。

（4）检查制动蹄片是否拖滞在制动器上。

（5）安装调节孔塞。

三、鼓式制动器的维护保养

1. 拆卸制动鼓

（1）拆下轮辋装饰罩（图 4-87）。

（2）拆下车轮螺栓（图 4-88）。

（3）拆下油杯（图 4-89）。

（4）拆下锁销（图 4-90）。

（5）拆下大螺母。

（6）取出锁片与轴承。

（7）取下制动鼓（图 4-91）。

图 4-87

图 4-88

图 4-89

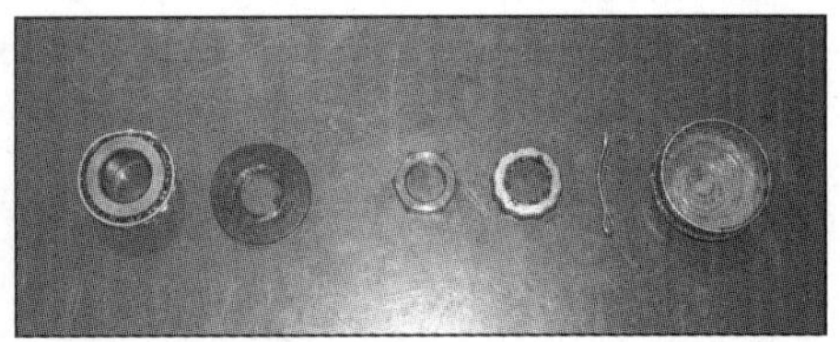
图 4-90

图 4-91

图 4-92

注意：

制动鼓拆下后，不要踩下制动踏板。

2. 检查制动蹄片在其上面滑动的背板区域的磨损（图 4-92）：

（1）手动前后移动制动蹄片，检查制动蹄片移动是否顺利。

（2）检查制动蹄片与背板和固定件之间的接触面是否磨损。

（3）检查制动蹄片、背板和固定件是否生锈。

提示：

在背板和制动蹄片之间的接触面上涂高温润滑油脂。

维修提示：

(1) 如果由于生锈制动鼓被卡在后桥法兰中，将规定直径的螺栓插入两个检查孔中（图 4-93）。均匀地上紧螺栓将制动鼓顶起，一次上紧一点儿。为了防止制动鼓损坏，不要施加过大的力。相反，在法兰上涂一些润滑剂。一旦制动鼓稍微顶起，松开螺栓并将制动鼓推入。重复该过程直到制动鼓能够被拆卸为止。

(2) 如果制动蹄片和制动鼓之间的间隙太小，或者制动鼓已经有分段或者条纹磨损，为了松开调节杆，需要在背板后面的检修孔内插入一把螺丝刀。同时，使用另外一把螺丝刀转动调节器的调整螺栓，以使收缩制动蹄片。

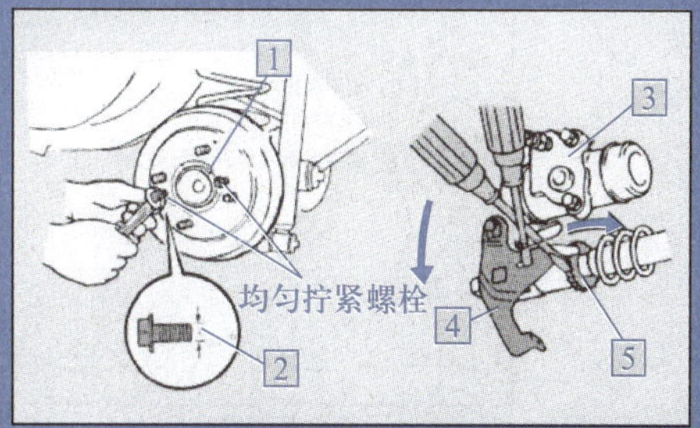

图 4-93

1—法兰；2—正常直径；3—制动分泵；4—调节杆；5—调整螺栓

3. 测量制动摩擦片的厚度（图 4–94）

图 4–94

使用一把直尺测量制动摩擦片的厚度。如果厚度低于磨损极限，则应更换制动蹄片。

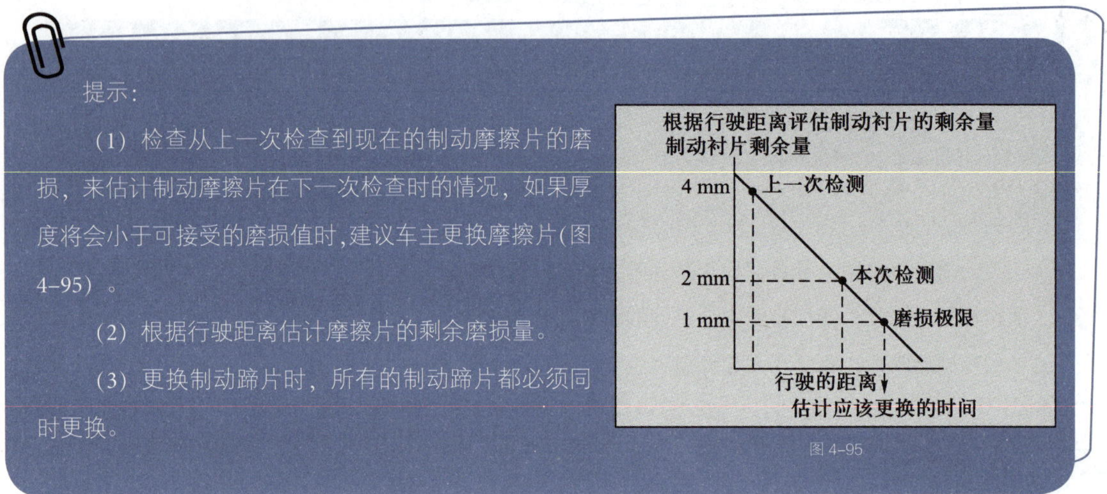

提示：

（1）检查从上一次检查到现在的制动摩擦片的磨损，来估计制动摩擦片在下一次检查时的情况，如果厚度将会小于可接受的磨损值时，建议车主更换摩擦片（图 4–95）。

（2）根据行驶距离估计摩擦片的剩余磨损量。

（3）更换制动蹄片时，所有的制动蹄片都必须同时更换。

图 4–95

4. 制动蹄片更换（图 4–96）

（1）拆卸回位弹簧、制动蹄片压紧弹簧，然后拆卸制动蹄片。

注意：

切勿损坏制动分泵胶套（活塞皮碗）。

小贴士

在确保安全的前提下，延长更换周期。

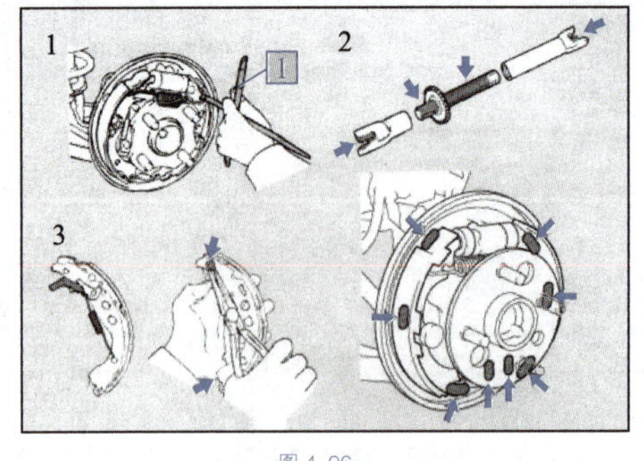

图 4–96

1—SST（专用维修工具）

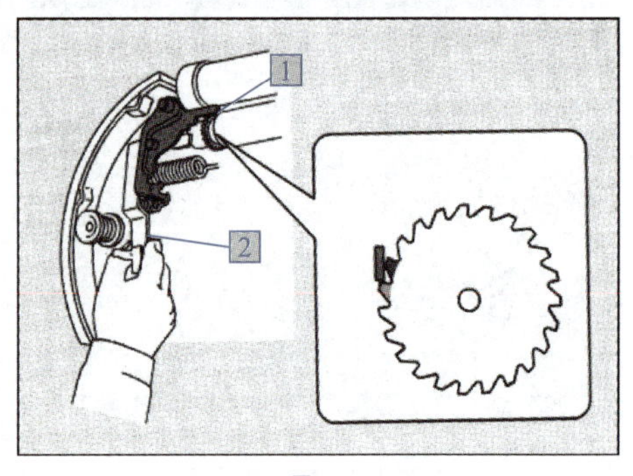

图 4–97

1—自动调节器；2—驻车制动蹄拉杆

（2）分离调节器（图 4-97）。

（3）从制动蹄片上分离调节杆扭矩弹簧、自动调节杆和驻车制动蹄拉杆。

（4）安装新的制动蹄片。

新的制动蹄片的安装与拆卸相反。

提示：

使用一个新的 O 形圈重新安装驻车制动蹄拉杆。

5. 检查制动摩擦片的损坏

检查制动摩擦片是否有裂纹、蜕皮和损坏。

6. 检查制动液渗漏（图 4-98、图 4-99）

检查车轮制动分泵中是否有液体渗漏。

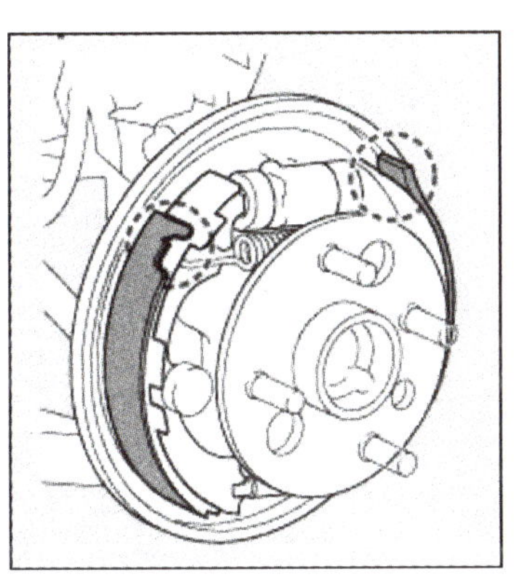

图 4-98

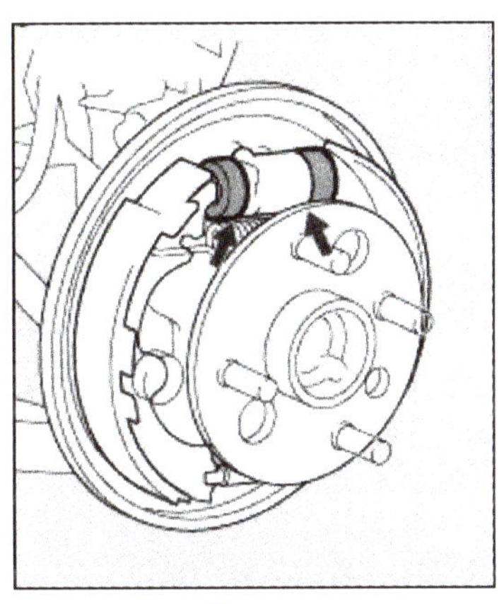

图 4-99

参考：

制动蹄片间隙的自动调节器有两种类型：

（1）通过运用制动踏板调整间隙。

（2）通过操作驻车制动杆调整间隙（图 4-97）。

第（2）种类型，通过用手向前移动驻车制动蹄拉杆将驻车制动蹄拉杆分开，检查调节器的转动和膨胀。检查后，解除调节器的锁定。反方向转动调节器，调整的缺口数与向前移动的相同，以便返回到原位置。

7. 制动鼓内径（图 4-100）

使用制动鼓测量规或者游标卡尺测量制动鼓内径。

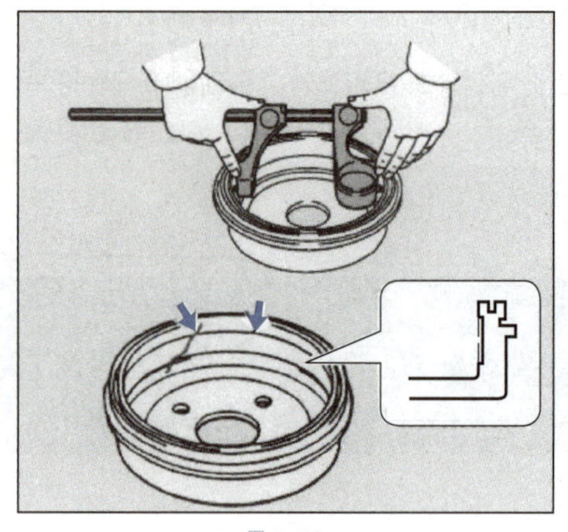

图 4-100

8. 磨损和损坏

检查制动鼓是否有任何磨损和损坏。

9. 清洁（图 4-101）

使用砂纸清洁制动蹄摩擦片并清除油污。如果必要，应同时清洁制动鼓的内表面。

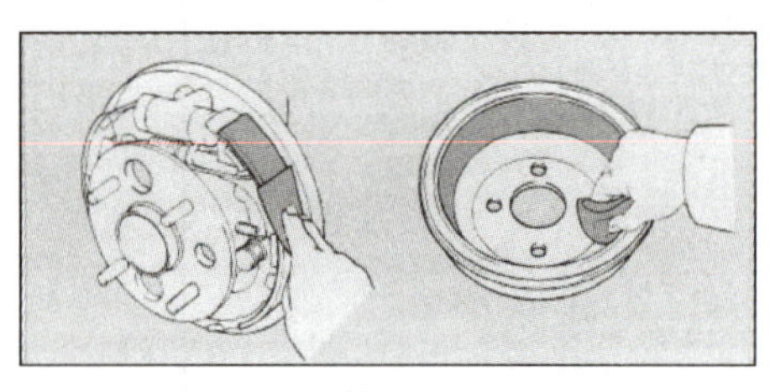

图 4-101

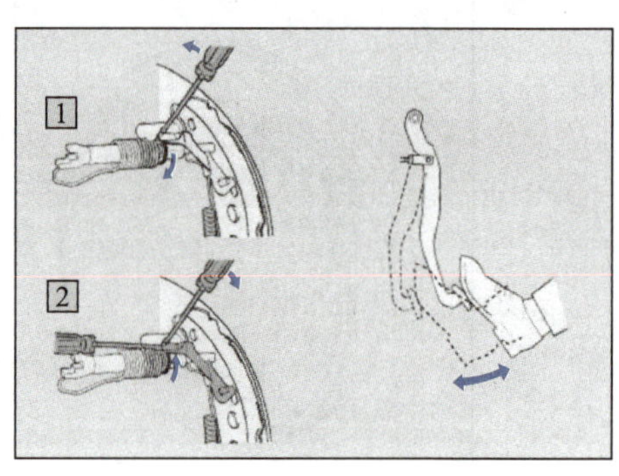

图 4-102

1—膨胀；2—收缩

10. 安装制动蹄片

调整制动蹄片间隙的方法，因制动蹄片间隙调节器的种类不同而有所变化。

四、制动器调整

1. 制动踏板自动调整类型（图 4-102）

（1）安装制动鼓。

（2）临时安装轮毂螺栓。

（3）拆卸孔塞。

（4）使用一把螺丝刀，转动调节器并扩展制动蹄片直到制动鼓锁定。

（5）用另外一把平头螺丝刀推动自动调节杆并且返回调节器 8 个缺口。

提示：

踏压制动踏板。如果后制动器中没有“咔嗒”声，制动蹄片间隙会自动调整。

（6）安装孔塞。

2. 驻车制动器应用自动调节器类型（图 4-103）

（1）测量制动鼓内径。

（2）转动调节器将制动蹄片外径调整到大约比制动鼓内径小 1 mm。

（3）安装制动鼓。

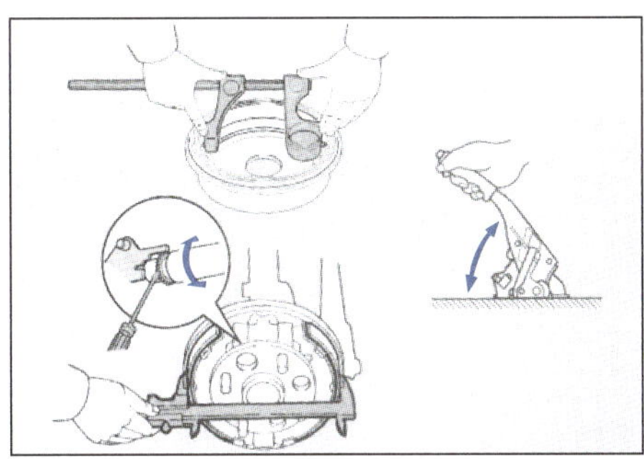

图 4-103

提示：

如果使用驻车拉杆时制动器中没有“咔嗒”声，制动蹄片间隙会自动调整。

3. 手动调整类型（图 4-104）

（1）测量制动鼓内径。

（2）转动调节器将制动蹄片外径调整到大约比制动鼓内径小 1 mm。

（3）安装制动鼓。

（4）拆卸孔塞。

（5）使用一把螺丝刀，转动调节螺母并扩展制动蹄片直到制动鼓锁定。

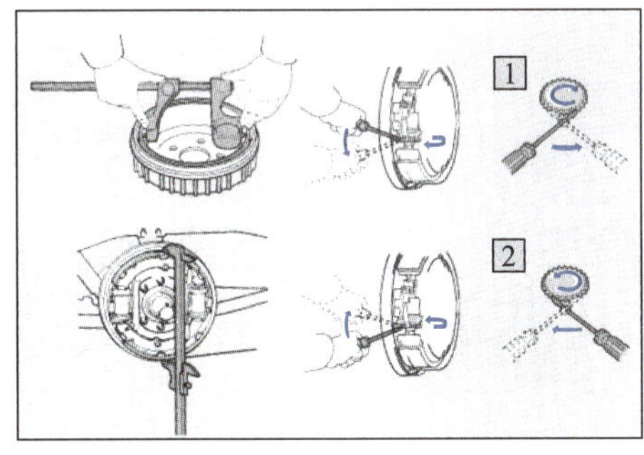

图 4-104

1—膨胀；2—收缩

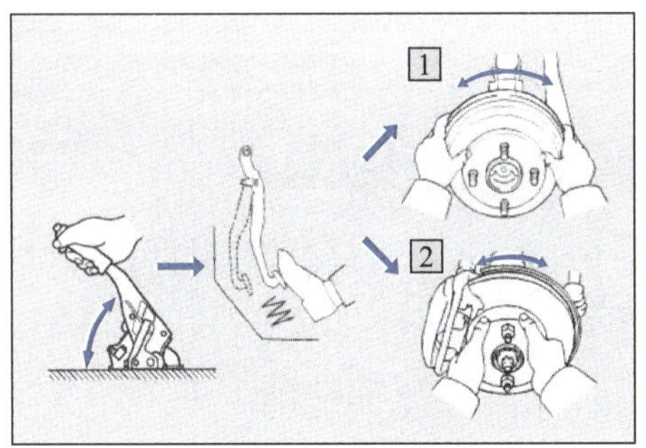

图 4-105

1—鼓式制动器；2—盘式制动器

（6）将调整螺母转回到规定的缺口数。规定的缺口数量请参照维修手册。

（7）安装孔塞。

五、检查制动拖滞（图 4-105）

1. 操作驻车制动杆几次并且踩下制动踏板几次，直到后制动器自动调节器

的“咔嗒”声音消失，以便允许制动蹄片下陷。

2. 手动转动制动盘或者制动鼓，检查是否有任何拖滞现象。

底盘维护保养工单

一、实训准备

1. 车辆

整车一辆。

2. 工具

举升机、制动液回收加注机、机油回收装置、千分尺、扭力扳手、塞尺、直尺、常用工具。

3. 辅助材料

齿轮油、自动变速器油 ATF、抹布、自动变速器油滤清器、转向助力油、制动液。

二、实训步骤

检查项目		检查结果		维修建议		
		合格	不合格	更换	调整	添加
1	检查动力转向油位					
2	检查制动（离合器）液					
3	检查油冷却软管					
4	检查离合器磨损、噪声					
5	检查离合器踏板性能					
6	检查离合器分离点					
7	检查制动踏板					
8	检查驻车制动器					
9	检查真空助力器					
10	检查转向盘					
11	检查轮胎					
12	检查摩擦片（制动蹄片）					
13	检查制动盘（鼓）					
14	检查球节					
15	更换制动液					
16	检查驱动轴护套					
17	检查手动传动桥油					

续表

<table>
<tr><th colspan="2" rowspan="2">检查项目</th><th colspan="2">检查结果</th><th colspan="3">维修建议</th></tr>
<tr><th>合格</th><th>不合格</th><th>更换</th><th>调整</th><th>添加</th></tr>
<tr><td>18</td><td>检查自动传动桥油</td><td></td><td></td><td></td><td></td><td></td></tr>
<tr><td>19</td><td>检查车身螺母紧固</td><td></td><td></td><td></td><td></td><td></td></tr>
</table>

三、考核表

<table>
<tr><th>序号</th><th>考核项目</th><th>评价标准</th><th>分值</th><th>得分</th></tr>
<tr><td rowspan="19">1</td><td rowspan="19">检查规范性</td><td>动力转向油位检查正确</td><td>3</td><td></td></tr>
<tr><td>制动（离合器）液检查正确</td><td>2</td><td></td></tr>
<tr><td>油冷却软管检查正确</td><td>2</td><td></td></tr>
<tr><td>离合器磨损、噪声检查正确</td><td>3</td><td></td></tr>
<tr><td>离合器踏板性能检查正确</td><td>5</td><td></td></tr>
<tr><td>离合器分离点检查正确</td><td>5</td><td></td></tr>
<tr><td>制动踏板检查正确</td><td>5</td><td></td></tr>
<tr><td>驻车制动器检查正确</td><td>5</td><td></td></tr>
<tr><td>真空助力器检查正确</td><td>5</td><td></td></tr>
<tr><td>转向盘检查正确</td><td>5</td><td></td></tr>
<tr><td>轮胎检查正确</td><td>5</td><td></td></tr>
<tr><td>摩擦片（制动蹄片）检查正确</td><td>5</td><td></td></tr>
<tr><td>制动盘（鼓）检查正确</td><td>5</td><td></td></tr>
<tr><td>球节检查正确</td><td>5</td><td></td></tr>
<tr><td>更换制动液正确</td><td>5</td><td></td></tr>
<tr><td>驱动轴护套检查正确</td><td>5</td><td></td></tr>
<tr><td>手动传动桥油检查正确</td><td>5</td><td></td></tr>
<tr><td>自动传动桥油检查正确</td><td>5</td><td></td></tr>
<tr><td>车身螺母紧固检查正确</td><td>5</td><td></td></tr>
<tr><td rowspan="7">2</td><td rowspan="7">5S 与工作安全</td><td>出现重大安全操作失误扣 10 分</td><td></td><td></td></tr>
<tr><td>操作失误出现受伤扣 5 分</td><td></td><td></td></tr>
<tr><td>每次举升机使用（未锁止、支撑点未确认、没有提示语）每项扣 1 分</td><td></td><td></td></tr>
<tr><td>每次未戴手套操作气动工具扣 1 分</td><td></td><td></td></tr>
<tr><td>每次检查排气管未戴手套扣 1 分</td><td></td><td></td></tr>
<tr><td>每次轮胎自由悬挂扣 1 分</td><td></td><td></td></tr>
<tr><td>每次零件、工具的掉落扣 1 分</td><td></td><td></td></tr>
</table>

续表

序号	考核项目	评价标准	分值	得分
2	5S与工作安全	其他可能造成人员、车辆、设备损伤的操作酌情扣分		
		工具、量具混放扣2分		
		场地、设备摆放混乱；作业后整理不到位；油污未及时清理；每项扣1分		
3	工单	工单填写整齐、如实填写	5	
		工位作业前察看，作业后填写	5	
4	操作流程	操作流程合理、不重复走位	5	
5	时间性	规定时间40 min，超时1 min扣1分		
总分				

拓展资源
底盘的维护保养

第五部分　电气系统的维护保养

学习目标

- 掌握汽车电气系统的维护保养项目及正确操作方法。
- 了解不同车型电气系统的维护保养方法。

考核标准

- 能够独立熟练、正确地按要求进行汽车电气系统的维护保养。
- 能够正确选择、使用工具和仪器。

实训准备

场　地：理实一体化多媒体实训室

设　备：工作台

工量具：电解液密度检测仪、液体比重计、火花塞间隙规、火花塞扳手、制冷剂泄漏检测仪、制冷剂回收机、歧管压力表

车　辆：每小组配备一台实训用车

备　品：工作服、工作鞋、手套、座椅套、转向盘套、脚垫、变速杆套、翼子板布、前盖、车轮挡块、车辆维修手册、火花塞清洁剂、空调制冷剂、风挡玻璃洗涤液、空调滤芯

实训 1 蓄电池的维护保养

电子课件
电气系统的维护保养

电子课件
电气系统的维护保养

将车辆停放在水平低位。

一、免维护蓄电池（图 5-1）

1. 检查损坏

检查蓄电池壳体是否有裂纹或者渗漏。

2. 检查腐蚀

检查蓄电池端子是否腐蚀。

3. 检查松动

检查蓄电池端子导线是否松动。

4. 检查蓄电池的充电状况（图 5-2）

微课 28
蓄电池检查

图 5-1

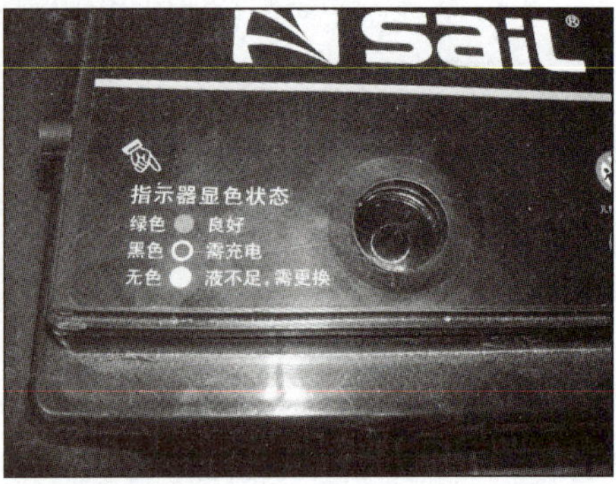

图 5-2

绿色——良好

黑色——需充电

无色——液不足，需更换

二、普通蓄电池（图 5-3）

图 5-3

1. 检查电解液液位

检查蓄电池各单元格的液位是否处于上限和下限之间。

提示：

• 如果很难确定电解液液位，则通过轻轻摇晃汽车检查或使用工作照明灯检查。同时可以拆卸一个通风孔塞并从该开口中观察电解液液位。

2. 检查损坏

检查蓄电池壳体是否有裂纹或者渗漏。

3. 检查腐蚀

检查蓄电池端子是否腐蚀。

4. 检查松动

检查蓄电池端子导线是否松动。

5. 检查通风孔塞（图 5-4）

检查蓄电池的通风孔塞是否损坏或者通风孔是否阻塞。

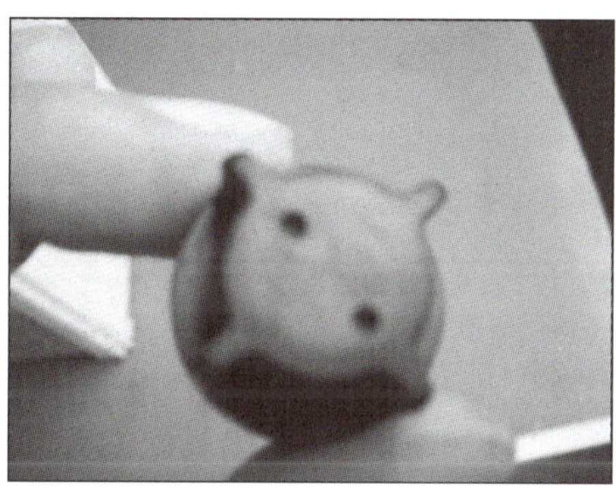

图 5-4

6. 检查蓄电池电解液的比重

使用电解液密度检测仪（图 5-5）检测电解液密度，或使用一个液体比重计（图 5-6）检查蓄电池电解液温度为 20℃（68F）时，所有单元格的比重是否在 1.250 ~ 1.280 之间。确保蓄电池单元格之间的比重偏差低于 0.025。

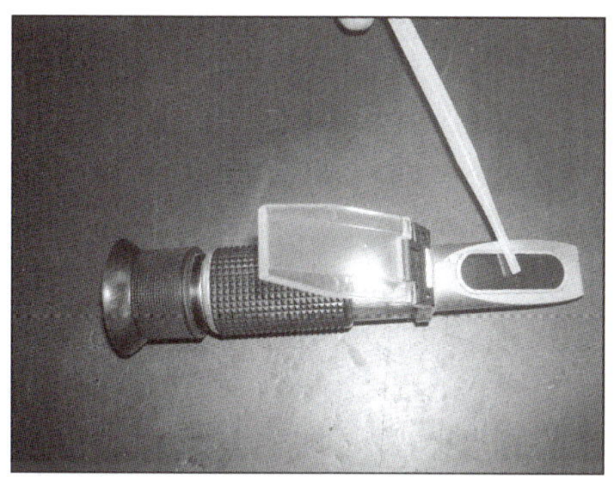

图 5-5

图 5-6

1—液体比重计

如果测量时蓄电池电解液温度不是 20℃，则将该温度下的比重换算成 20℃（68F）

温度下的比重。

- 换算公式

$S_{20}(℃)=S_t+0.0007\times(t-20)$

$S_{20}(℃)$——20 ℃时的比重；

S_t——实测值；

t——实测时的温度。

三、蓄电池检查的注意事项

（1）不要添加自来水，因为自来水中的杂质会降低蓄电池的性能和寿命。

（2）如果添加的液体超过了规定高度，抽掉多余的部分。液体过多会在充电时造成溢流，腐蚀端子和其他零件。

（3）电解液含有硫酸，可严重烧伤皮肤或腐蚀其他物体，电解液喷溅在皮肤或衣服上时，要立刻用大量的水洗掉，接触眼睛时，要用水冲洗数分钟后，及时求医。

训练与思考

在蓄电池维护保养后填写下表：

序号	项目	结果
1	蓄电池规格型号	
2	壳体是否损坏	
3	是否需充电	
4	各单元的电解液液位高度	
5	各单元的电解液比重	
6	各单元的通风孔塞是否堵塞	
7	正、负极柱是否腐蚀	
8	正、负极端子的紧固情况	

实训 2　火花塞的维护保养

关闭点火开关，拔下各缸高压线（图 5-7）。

使用火花塞扳手拆卸各缸火花塞，用洁净抹布遮盖火花塞孔（图 5-8）。

一、检查火花塞

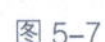

图 5-7

图 5-8

微课　29
火花塞的检查

1. 检查电极磨损

检查火花塞电极边缘是否被完全磨掉或者变圆。

2. 检查火花塞间隙（图 5-9）

使用一个火花塞间隙规（图 5-10）检查中央电极和接地电极之间的间隙是否在规定的值以内。如果未在规定的值以内，则应调整火花塞间隙。

图 5-9

图 5-10

使用火花塞间隙规，将火花塞的接地电极放入火花塞间隙规的缺口部分，然后弯曲接地电极以便调整间隙（图 5-11）。

铂电极型和铱电极型的火花塞不需调整间隙，如果火花塞非常乌黑，可以短时间（小于 10 s）使用火花塞清洁剂清洁（图 5-12）。

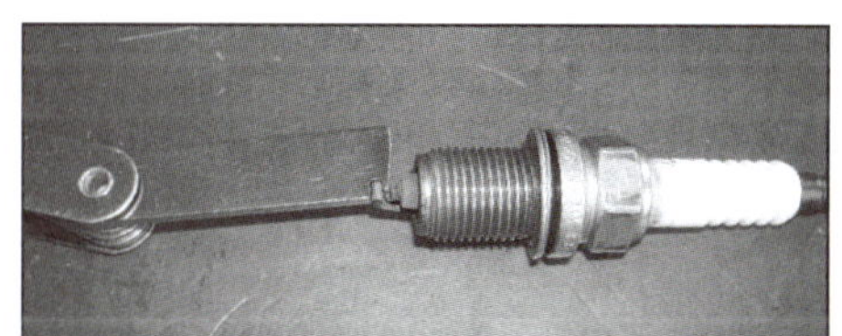

图 5-11

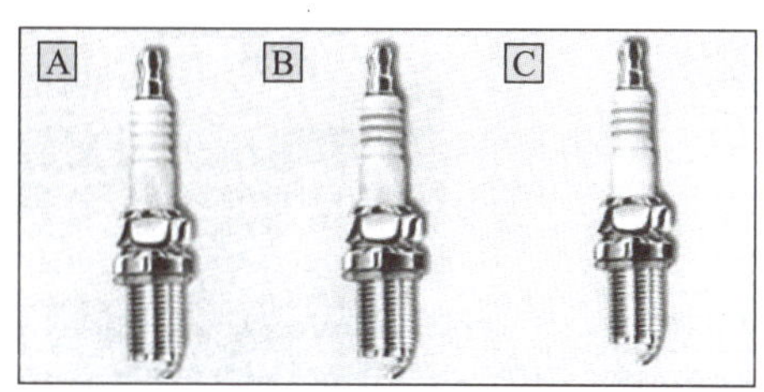

图 5-12

A—常规型；B—铂电极型；C—铱电极型

3. 检查绝缘体

检查绝缘体是否咬住。

4. 检查损坏

检查绝缘体是否有裂纹、端子腐蚀和被损坏的螺纹。

5. 清洁（图 5-13）

如果电极上有炭污痕迹，使其干燥。然后使用火花塞清净剂清洁。

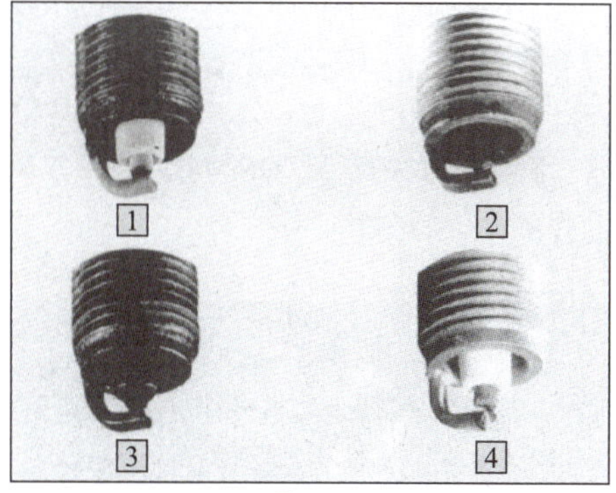

图 5-13

1—正常；2—炭污；3—油污；4—过热

二、火花塞的安装

安装检查调整后的火花塞或新火花塞时，首先用手拧上，然后再用规定的扭矩上紧。

训练与思考

根据各缸火花塞的检查结果填写下表：

火花塞类型：________________

缸号	结果
1	
2	
3	
4	
5	
6	

实训 3　喇 叭 检 查

1. 转动转向盘一周，每隔 120° 按喇叭垫，确保其发声。
2. 检查音量和音调是否稳定。
3. 检查转向盘各调整位置是否调整自如（图 5-14）。

图 5-14

实训 4　灯光信号的检查

将点火开关旋至“ON”后，检查车辆的灯是否正常发光和闪烁。用镜子检查或两人配合检查车外的灯。

提示：

变光器开关总成（图 5-15）包括转向信号开关和大灯的远光／近光之间的转换开关。

1. 将灯光控制开关旋动一挡，然后检查下列车灯是否亮起（图 5-16）。

- 示宽灯
- 牌照灯
- 尾灯
- 仪表板灯

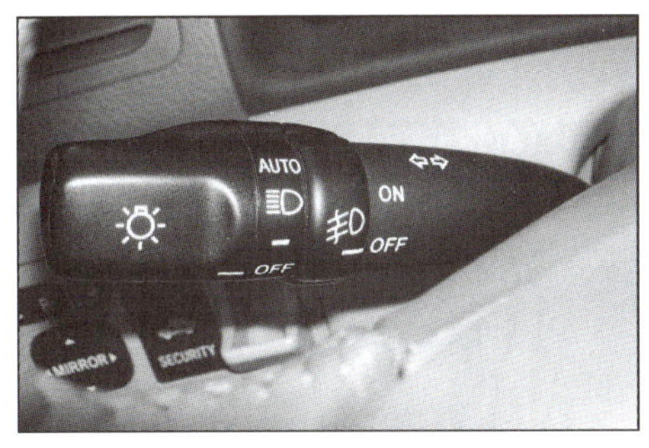

图 5-15

图 5-16

微课　30
车灯的检查

2. 将灯光控制开关旋转两挡后，检查大灯（近光灯）是否发光。然后，将变光器开关推开，检查大灯（远光灯）是否发光（图 5-17、图 5-18）。

- 大灯（近光灯）
- 大灯（远光灯）和指示灯

图 5-17

图 5-18

3. 将变光器开关向前拉，或上下移动信号转换开关时，这些灯正常亮或闪亮（图 5-19）。

- 大灯闪光器和指示灯
- 右转信号灯和指示灯
- 左转信号灯和指示灯

4. 当每一个开关工作时，检查下面的灯正常亮或闪烁。

- 危险警告灯和指示灯（图 5-20）

图 5-19

图 5-20

- 停车灯（尾灯亮）（图 5-21）
- 倒车灯（图 5-22）

图 5-21

图 5-22

- 顶灯（图 5-23）
- 雾灯（图 5-24）

图 5-23

图 5-24

5. 变光器开关自动回位检查

（1）车辆正放，上（下）转动变光器开关，然后顺时针（逆时针）方向转动转向盘约 90°。

（2）把转向盘转回初始位置，变光器开关应自动回至中间位置。

6. 组合仪表警告灯检查（图 5-25）

（1）将点火开关转到“ON”，检查所有的警告灯亮。

- 充电指示灯
- 故障指示灯
- 油压警告灯等。

（2）检查发动机起动后所有的警告灯熄灭。因型号不同警告灯熄灭方式也不同，需查看驾驶员手册。

图 5-25

训练与思考

根据检查情况填写下表：

序号	项目	结果
1	近光灯	
2	远光灯及指示灯	
3	转向信号灯及指示灯	
4	倒车灯	
5	停车灯及指示灯	
6	危险警告灯及指示灯	
7	组合仪表警告灯	
8	变光器自动回位	
9	顶灯	
10	示宽灯、牌照灯、尾灯、仪表板灯	
11	雾灯	

实训 5　风挡玻璃洗涤器、刮水器检查

1. 检查喷洗器液液位（图 5–26）

使用液位尺检查喷洗液罐中的喷洗液是否充分注满。

2. 检查风挡玻璃喷洗器（图 5–27）

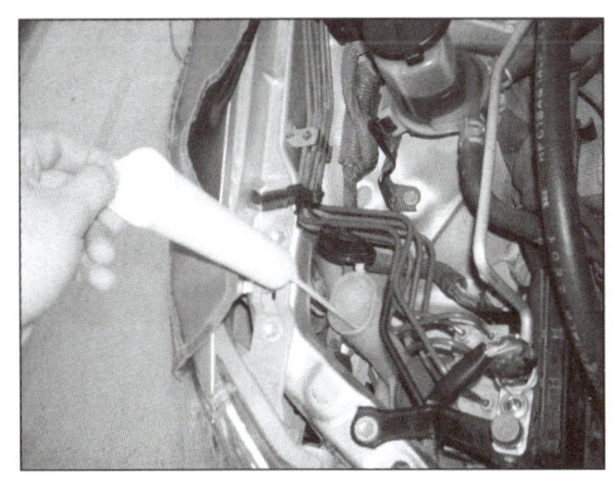

图 5–26

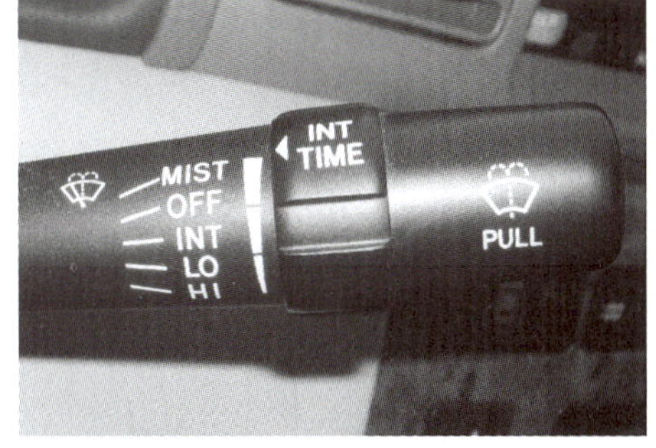

图 5–27

（1）起动发动机。

（2）检查风挡玻璃喷洗器喷洒压力是否足够。如果车辆配备有风挡玻璃喷洗联动刮水器功能，检查刮水器是否协同工作。

（3）检查洗涤喷洒区是否集中在刮水器工作范围内，必要时进行调整（图 5–28）。

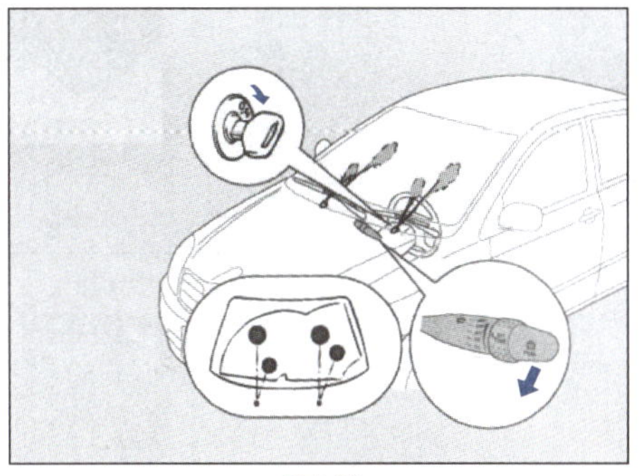

图 5–28

注意：

如果喷洗液罐中无喷洗液，则有可能烧坏马达。

若风挡玻璃喷洗器喷射位置不正确，可在喷嘴内插入一根与风挡玻璃喷洗器喷嘴的孔相匹配的钢丝，调整喷洒的方向。使喷洒大约落在刮水器的刮水范围的中间（图 5-29）。

微课 31
挡风玻璃洗涤器刮水器检查

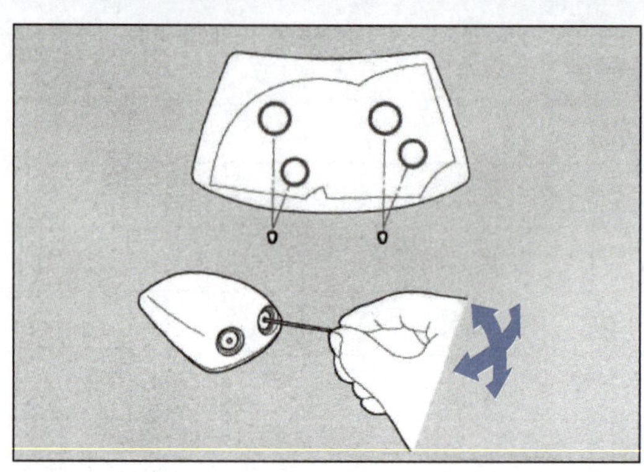

图 5-29

3. 检查风挡玻璃刮水器

为防止划伤风挡玻璃，在使用刮水器前要喷洒喷洗液。打开刮水器开关，检查是否每一只刮水器都正常工作。

（1）检查刮水器性能

- LO 慢
- HI 快
- INT 间歇功能

一些型号的刮水器其工作间隔可以调节。

- MIST 去雾功能

（2）检查停止位置

检查当刮水器开关关闭时，刮水器自动停在其停止位置。

（3）检查刮水状况（图 5-30）

喷洒喷洗液，检查刮水器是否出现图 5-30 所示问题。

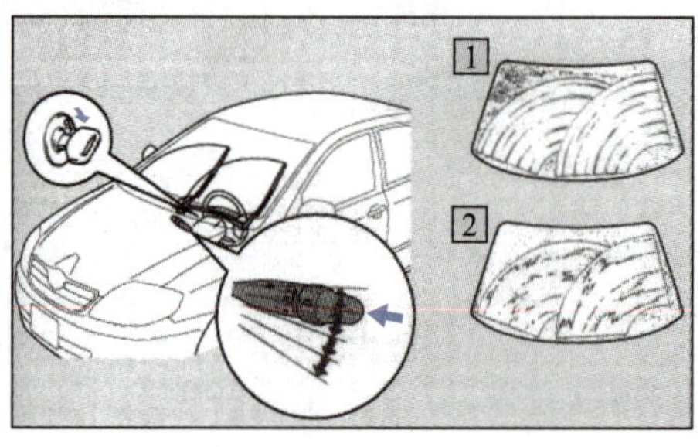

图 5-30

1—条纹式的刮水痕迹；2—刮水效果不好

训练与思考

根据检查情况填写下表：

序号	项目	结果
1	液位	
2	喷射压力、位置	
3	刮水器性能	
4	停止位置	
5	刮水状况	

实训 6　玻璃升降器的检查

微课　32
玻璃升降器的检查

1. 检查玻璃升降器的升降功能

将点火开关打至 ON 档，在驾驶员位置操纵玻璃升降器开关，对 4 个车门的车窗玻璃进行操纵，检查是否工作正常；分别在左后、右后、右前座位单独对对应车门车窗玻璃进行操纵，检查是否工作正常。

2. 检查玻璃升降器的防夹功能

用一支笔或类似物品，放在车窗玻璃上沿处，操纵玻璃升降器开关使玻璃上升，检查玻璃是否遇到障碍物后，自动下降。

注意：

一定要先确定该车型具有防夹功能。

实训 7　空调制冷剂的检查

微课　33
空调制冷剂的检查

1. 检查制冷剂量（图 5-31）

通过观察窗观察制冷剂的流量，来检查制冷剂量。

检查条件：

（1）完全打开所有车门

（2）起动发动机

（3）发动机转速为 1500 r/min

（4）鼓风机速度控制开关处于“高”位

（5）温度控制设为“最冷”

（6）A/C 开关位于“ON”

观察窗有少量气泡一闪而过，说明制冷剂量正常；有大量气泡，说明制冷剂不足；若无气泡，说明无制冷剂或制冷剂过多。

2. 检查制冷剂渗漏

将点火开关关闭后，使用一个气体泄漏测试仪（图 5–32）检查制冷剂是否渗漏（图 5–33）。

图 5–31

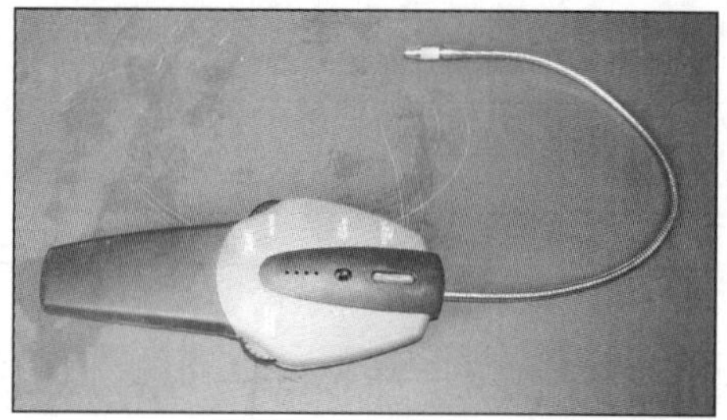

图 5–32

3. 制冷剂排放

排放有两种方法，一是利用回收装置回收制冷剂，如图 5–34 所示；二是利用歧管压力表将制冷剂排放到大气中，但这会污染环境。排放时，周围环境一定要通风良好，不能接近明火，否则会产生有毒的气体。

利用歧管压力表排放制冷剂的具体操作步骤如下：

（1）关闭歧管压力计上的手动高、低压阀，并将其高、低压软管分别接在压缩机高、低压检修阀上，将中间软管的自由端放在工作擦布上。

（2）慢慢打开手动高压阀，让制冷剂从中间软管布上排出，阀门不能开得太大，否则压缩机内的冷冻润滑油会随制冷剂流出。

图 5–33

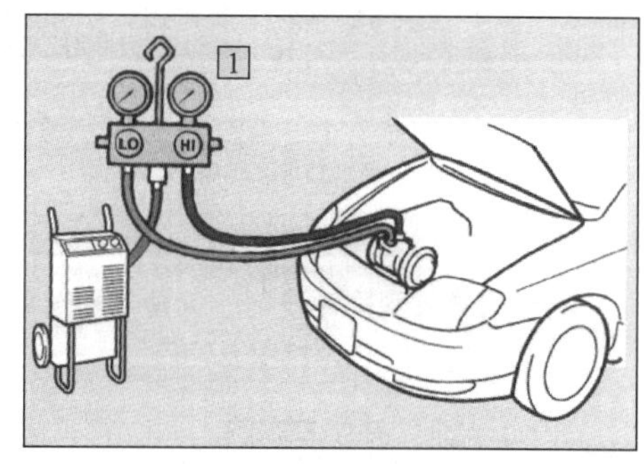

图 5–34

（3）当压力表读数降到 0.35 MPa 以下时，再慢慢打开手动低压阀，使制冷剂从高低压两侧同时排出。

（4）观察压力表读数，随着压力下降，逐渐开大手动高、低压阀，直至高低压表的读数指到零为止。

4. 抽真空（图 5–35）

抽真空的目的是为了排除制冷系统内的空气和水汽，是空调维修中一项重要的工序。因为在维修空调系统、更换制冷零件时，必然要让空气和水汽进入制冷系统，而空气和水汽又会严重影响制冷系统的工作。

（1）把歧管压力表的高、低压软管分别与制冷管路上的高、低压检测接口相连，中间软管与真空泵相连。

（2）打开歧管压力表的手动高、低压阀，起动真空泵，观察低压表，把系统抽真空至 0.1 MPa。

（3）关闭歧管压力表的手动高、低压阀，观察歧管压力表，看真空度是否下降，如果真空度下降，说明系统泄漏，应该查找漏点进行维修。如果系统不漏，应该再打开手动高、低压阀，继续抽真空 15 ~ 20 min。

（4）关闭歧管压力表的手动高、低压阀。

（5）关闭真空泵。先关手动高、低压阀，后关真空泵，这样可以防止空气和水汽进入系统。

5. 加注制冷剂

在确定系统无泄漏，抽完真空之后，就可以加注制冷剂。

加注制冷剂的方法有两种，一种是从高压侧加注，加注的是液态制冷剂，加注速度快，适合于第一次加注，即检查泄漏、抽完真空的加注。加注时要注意不要起动压缩机，制冷剂罐要倒立。另一种是从低压侧加注，加注的是液态制冷剂，加注速度慢，适合于补充加注。加注时要起动压缩机，制冷剂罐要正立。

（1）从高压侧加注（图 5-36）

① 发动机处于熄火状态，检查泄漏、抽完真空后，关闭手动高、低压阀。

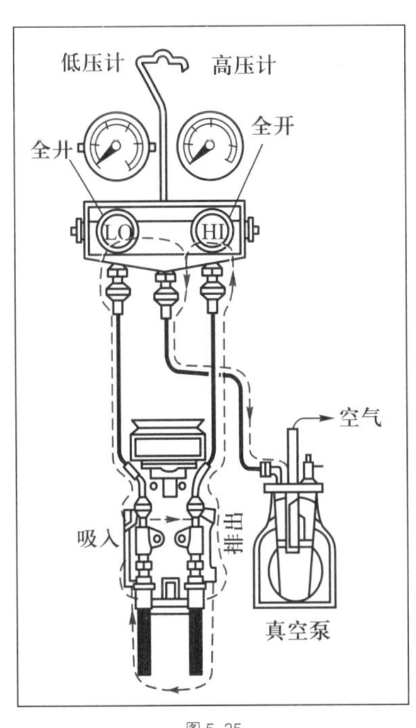

图 5-35

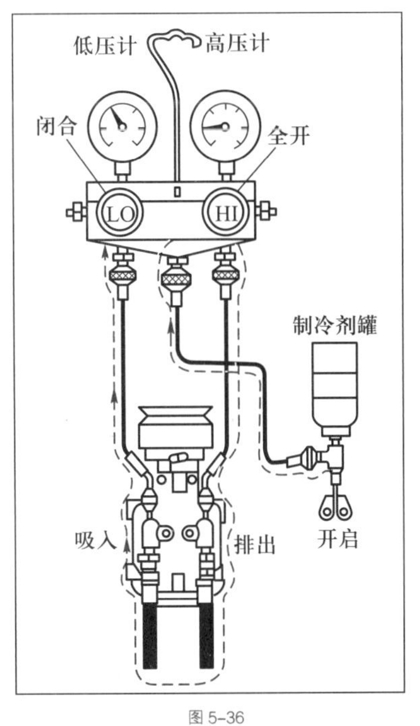

图 5-36

② 把中间软管与制冷剂罐注入阀的接头接好，打开制冷剂罐注入阀，拧开歧管压力表中间软管一端的螺母，让气体溢出几秒钟，把空气赶走，然后再拧紧螺母。

③ 拧开高压侧手动阀，将制冷剂罐倒立，液态制冷剂从高压侧进入制冷回路。

④ 加入规定量的制冷剂后，关闭制冷剂罐注入阀，关闭歧管压力表的手动高压阀，取下歧管压力表。

注意：

加注时不能起动发动机，更不能打开手动低压阀，防止产生液击。

（2）从低压侧加注（图 5-37）

① 检查泄漏、抽完真空后，关手动高、低压阀。

② 把中间软管与制冷剂罐注入阀的接头接好，打开制冷剂罐注入阀，拧开歧管压力表中间软管一端的螺母，让气体溢出几秒钟，把空气赶走，然后再拧紧螺母。

③ 拧开低压侧手动阀，正立制冷剂罐，让气态制冷剂进入制冷系统，当系统压力达到 0.4 MPa 时，关闭手动低压阀。

④ 起动发动机，打开空调，鼓风机开关、调温开关打到最大挡。

⑤ 打开手动低压阀，让气态制冷剂继续流入制冷回路，一直加到规定量。

⑥ 观察贮液干燥过滤器的观察窗，确认没有气泡，然后把发动机转速提高到 2000 r / min，检查歧管压力表的高、低压表是否达到正常值。

⑦ 关闭制冷剂罐注入阀，关闭歧管压力表的手动高压阀，关闭发动机。取下歧管压力表。

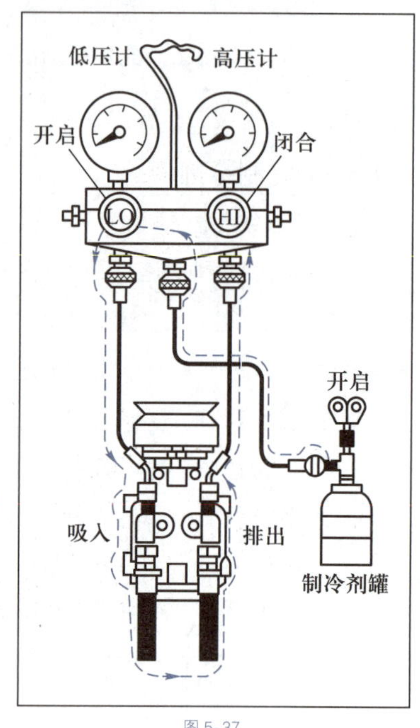

图 5-37

6. 空调滤芯的更换

微课 34
空调滤芯的更换

夏季高温难耐，是汽车空调使用最多的时间，而空调滤芯是阻止外界杂物进入车内的第一道防线，它的清洁与否直接关系到空调制冷效果及乘员身体健康，所以建议最好每年入夏前进行更换，防止空调温度不佳、清洁度不高，影响夏季用车舒适度。

（1）空调滤芯通常安装在副驾手套箱的后部，更换空调滤芯首先要打开手套箱盖（图 5-38）。

（2）找到手套箱右侧的固定卡扣，并用力向外侧拔出（图 5-39）。

（3）将手套箱盖的固定卡扣取下拿掉，使之脱离（图 5-40）。

（4）用双手将手套箱两边向中间挤压，手套箱就可以拿下来了（图 5-41）。

（5）拿下手套箱就可以看到空调滤芯盖板，用力按压盖板两侧的固定卡扣，盖板就可以取下（图 5-42）。

（6）向外侧抽出旧的空调滤芯（图 5-43）。

（7）将新的空调滤芯装入，按拆装顺序的反向恢复原位即可（注意空调滤芯的安装方向）（图 5-44）。

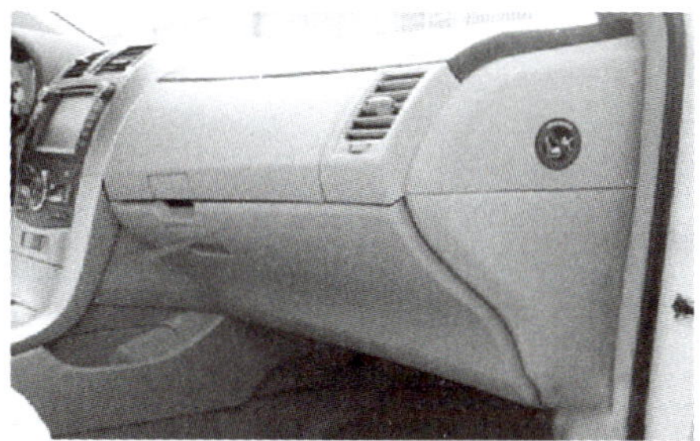

图 5-38

图 5-39

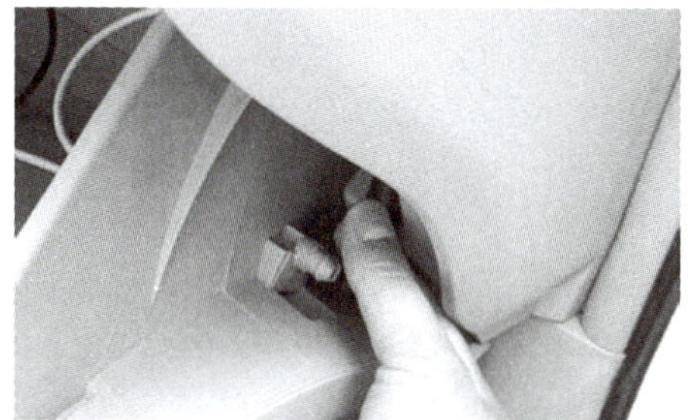

图 5-40

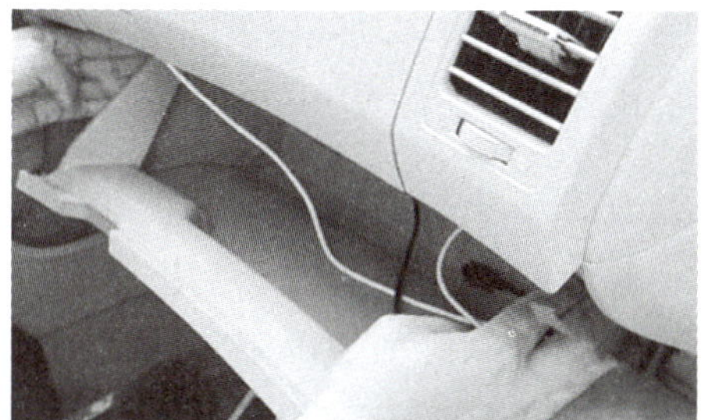

图 5-41

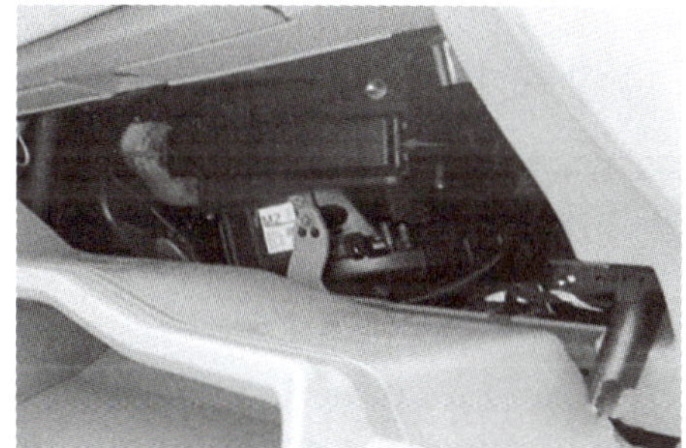

图 5-42

图 5-43

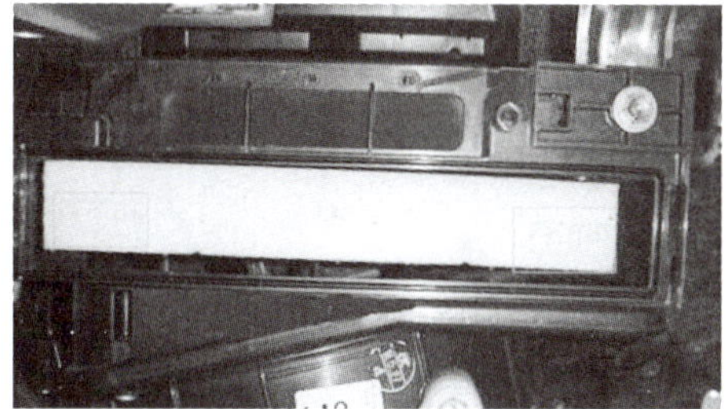

图 5-44

实训 8　保养周期指示器复位

对保养周期进行复位，以便仪表准确提示驾驶员下次保养里程与时间。

方法一　利用手动模式操作（图 5-45）

1. 在点火开关关闭的情况下，按下按键 -3-；

2. 打开点火开关；

3. 松开按键 -3-，按下时钟停止键 -1- 一次；

4. 按压时钟的分钟调整按钮 min，显示屏恢复为常规显示状态。

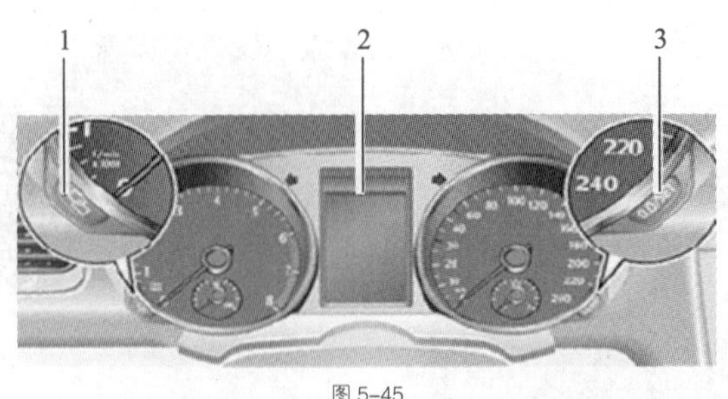

图 5-45

1—时钟停止按钮；2—液晶显示屏；3—时钟调整按钮

方法二　带多功能仪表的用手动复位方法

仪表中选择“设置”—“保养日志”—“重设”—OK。

方法三　使用诊断仪进行保养周期复位

依次选择　品牌—车型—年款—发动机型号—仪表板—保养周期复位。

设定保养周期后，到达下次保养时间前，系统会通过仪表提醒驾驶员去保养，避免出现超期保养，从而保证车辆性能。

电气系统维护保养工单

一、实训准备

1. 车辆

整车一辆。

2. 工具

举升机、万用表、电解液密度计、空调真空泵及压力表、火花塞间隙规、常用工具。

3. 辅助材料

电解液、保险丝、胶布、抹布。

二、实训步骤

检查项目		检查结果		维修建议		
		合格	不合格	更换	调整	添加
1	检查蓄电池					
2	检查火花塞					
3	检查空调制冷剂					
4	检查发电机皮带					
5	检查喇叭					

续表

检查项目		检查结果		维修建议		
		合格	不合格	更换	调整	添加
6	检查洗涤器、刮水器					
7	检查灯光					

三、考核表

序号	考核项目	评价标准	分值	得分
1	检查规范性	蓄电池检查正确	10	
		火花塞检查正确	15	
		空调制冷剂检查正确	15	
		发电机皮带检查正确	5	
		灯光检查正确	15	
		喇叭检查正确	5	
		洗涤器、刮水器检查正确	15	
2	5S 与工作安全	出现重大安全操作失误扣 10 分		
		操作失误出现受伤扣 5 分		
		每次零件、工具的掉落扣 1 分		
		其他可能造成人员、车辆、设备损伤的操作酌情扣分		
		工具、量具混放扣 2 分		
		场地、设备摆放混乱；作业后整理不到位；油污未及时清理；每项扣 1 分		
3	工单	工单填写整齐、如实填写	5	
		工位作业前察看，作业后填写	5	
4	操作流程	操作流程合理、不重复走位	10	
5	时间性	规定时间 30 min，超时 1 min 扣 1 分		
总分			100	

拓展资源
电气系统的维护保养

第六部分　汽车车身的维护保养

学习目标

- 掌握车身的保养项目及正确操作方法。

考核标准

- 能够独立、熟练、正确地按要求进行车身各项目的保养。
- 能够正确选择、使用工具、仪器。

实训准备

场　地：理实一体化多媒体实训室

工量具：通用 54 件组合扳手

车　辆：每小组配备一台实训用车

备　品：工作服、工作鞋、手套、座椅套、转向盘套、脚垫、变速杆套、翼子板布、前盖、车轮挡块、车辆维修手册

电子教案
汽车车身的维护保养

电子课件
汽车车身的维护保养

微课 35
安全带的检查

实训 1 安全带的检查

安全带也会老化，最主要表现是内部卷簧器老化，使得安全带过松或不能及时拉紧，这时候的安全带已经开始“罢工”。在紧急时刻，如果安全带过松容易导致乘员从安全带下滑出，造成严重的损伤。如果安全带在使用中曾承受过一次强拉伸负荷，即使未损坏，也应更换，不能继续使用。

两点式安全带由一条可以调节的宽带和锁舌、锁体组成（图 6–1）。三点式安全带的结构除同两点式一样外，另配有一个座椅自动缩紧器和可调整高度的固定环。

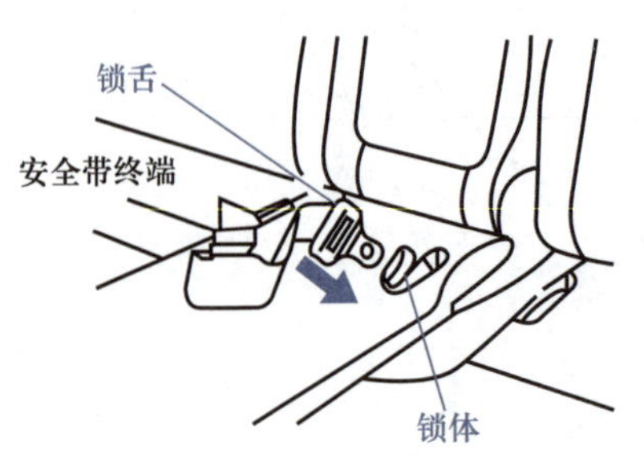

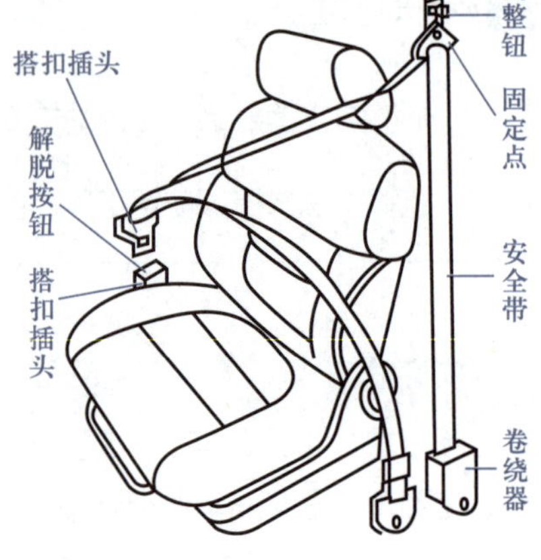

图 6–1

1. 检查自动锁紧器

缓慢用手将安全带向下拉时，安全带应能顺利地从卷绕器中拉出。快拉安全带时，应自行锁死；否则，视为安全带失效（图 6–2）。

图 6–2

2. 检查锁舌

搭扣插头，用力拉安全带，检查是否能够脱锁（图 6–3）。

3. 检查解锁按钮

按下解锁按钮，安全带应自动弹出并收回（图 6–4）。

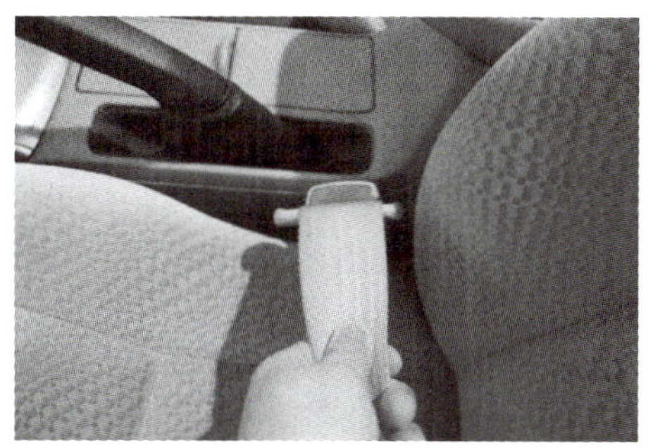

图 6-3

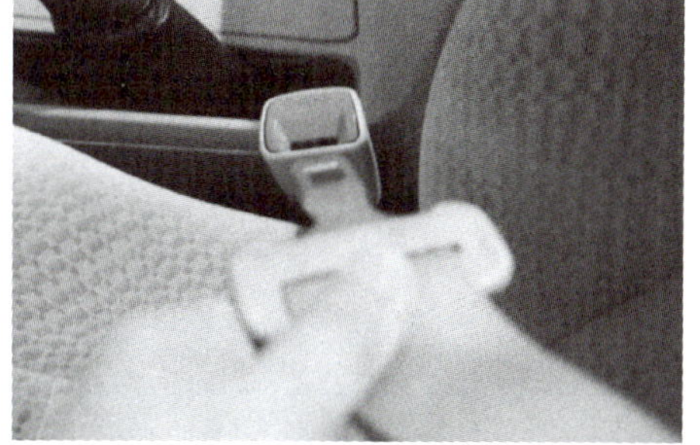

图 6-4

实训 2　座椅的检查

微课　36
座椅螺栓的检查

1. 检查座椅固定螺栓是否松动

用双手抱住座椅及座椅靠背，用力前后晃动，感觉座椅是否会移动。如果没有明显移动、表明固定良好，如有移动、表明螺栓松动。

2. 检查座椅的调节功能

用手扳动座椅调节按钮，检查座椅的前后调节功能、高度调节功能、靠背的角度调节功能及头枕的位置调节功能（图 6-5）。

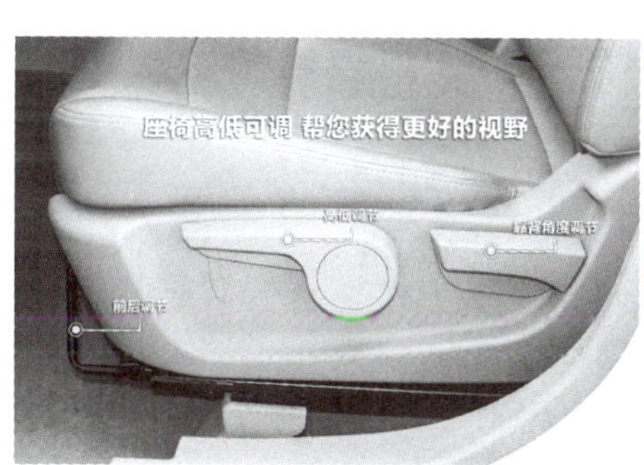

图 6-5

实训 3　车门的检查

1. 车门螺栓的检查

用套筒扳手或梅花扳手检查 4 个车门的连接螺栓是否紧固（图 6-6）。

微课　37
车门螺栓的检查

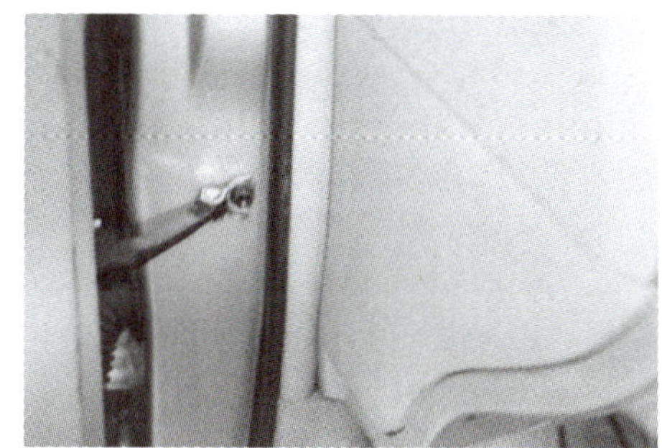

图 6-6

2. 门控灯开关的检查

微课　38
门控灯开关的检查

将点火开关打到一挡，顶灯置于门控挡，分别检查 4 个车门，当车门打开时顶灯亮起，车门关闭时顶灯熄灭。门控灯开关如图 6-7 所示。

图 6-7

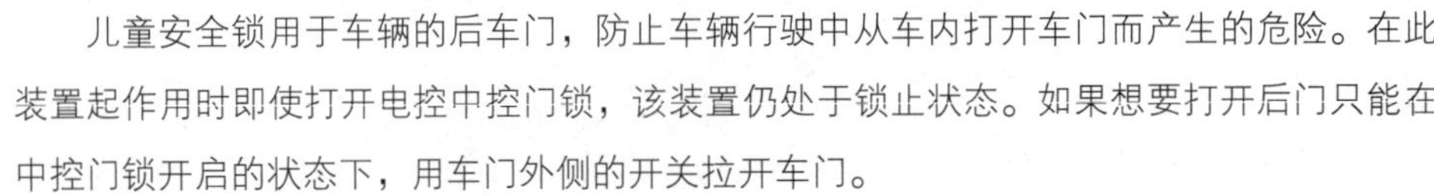

3. 儿童锁的检查

微课　39
儿童锁的检查

儿童安全锁用于车辆的后车门，防止车辆行驶中从车内打开车门而产生的危险。在此装置起作用时即使打开电控中控门锁，该装置仍处于锁止状态。如果想要打开后门只能在中控门锁开启的状态下，用车门外侧的开关拉开车门。

开关位置在后车门，如图 6-8 所示。将开关拨至锁止侧，进入车内，关闭车门，从车内不能打开车门；从车外能够打开车门。

图 6-8

实训 4　行李箱的检查

微课　40
行李箱的检查

1. 行李箱盖螺栓的检查

用套筒扳手或梅花扳手检查行李箱盖的连接螺栓是否紧固（图 6-9）。

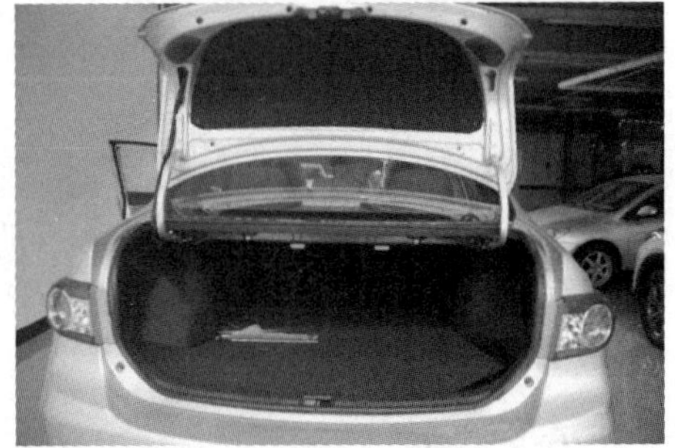

图 6-9

2. 随车工具检查

汽车随车工具在行李箱中，常规随车工具包括：备胎、轮胎扳手、千斤顶、三角架和灭火器等，检查是否齐全。

3. 备胎的检查

检查车辆是否装有备胎，并按照前面第四部分实训 2 中项目 1 车轮检查方法检查备胎是否完好。

实训 5　油箱盖的检查

1. 油箱盖是否损坏检查

微课　41
油箱盖的检查

拉起油箱盖开关，拧开油箱盖，检查油箱盖是否破裂损坏（图 6-10）。

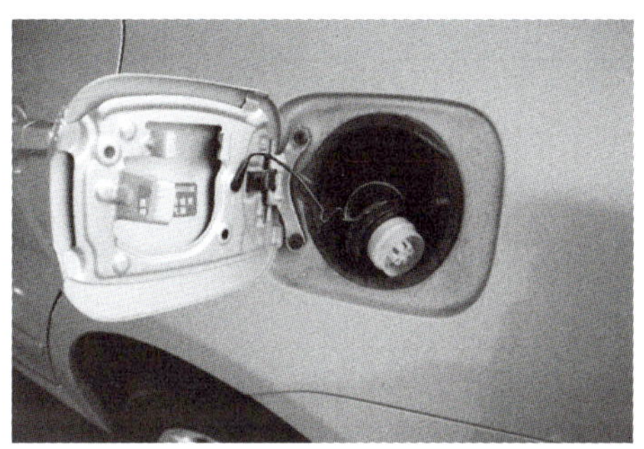

图 6-10

2. 扭矩限制器检查

安装油箱盖、拧紧，可以听到“咔嗒”声，说明扭矩限制器功能完好。

实训 6　天窗的检查

微课　42
天窗的检查

（1）打开天窗内板，旋转天窗按钮，检查各个档位是否能够正常开启。回转天窗按钮，检查天窗是否能正常关闭。

（2）向上按动天窗按钮，检查天窗是否能正常翘起。向下拉动天窗按钮，检查天窗是否能正常关闭，如图 6-11 所示。

图 6-11

汽车车身的维护与保养工单

一、实训准备

1. 车辆

整车一辆。

2. 工具

套筒扳手、梅花扳手、胎压表、轮胎花纹深度规。

二、实训步骤

检查项目		检查结果		维修建议		
		合格	不合格	更换	调整	添加
1	检查安全带					
2	检查座椅					
3	检查车门螺栓					
4	检查门控灯开关					
5	检查儿童锁					
6	检查行李箱盖螺栓					
7	检查随车工具					
8	检查备胎					
9	检查油箱盖					
10	检查天窗					

三、考核表

序号	考核项目	评价标准	分值	得分
1	检查规范性	安全带检查正确	10	
		座椅检查正确	10	
		车门螺栓检查正确	5	
		门控灯开关检查正确	10	
		儿童锁检查正确	10	
		行李箱盖螺栓检查正确	5	
		随车工具检查正确	5	
		备胎检查正确	10	
		油箱盖检查正确	10	
		天窗检查正确	5	

续表

序号	考核项目	评价标准	分值	得分
2	5S 与工作安全	出现重大安全操作失误扣 10 分		
		操作失误出现受伤扣 5 分		
		每次零件、工具的掉落扣 1 分		
		其他可能造成人员、车辆、设备损伤的操作酌情扣分		
		工具、量具混放扣 2 分		
		场地、设备摆放混乱；作业后整理不到位；油污未及时清理；每项扣 1 分		
3	工单	工单填写整齐、如实填写	5	
		工位作业前察看，作业后填写	5	
4	操作流程	操作流程合理、不重复走位	10	
5	时间性	规定时间 15 min，超时 1 min 扣 1 分		
总分			100	

拓展资源
汽车车身的维护保养

第七部分　整车维护保养综合训练及道路检测

学习目标

- 掌握整车维护保养连接训练及道路检测的正确操作方法。

考核标准

- 能够独立熟练、正确地按要求进行整车的维护保养。
- 能够正确选择、使用工具和仪器。

实训准备

场　地：理实一体化多媒体实训室

设　备：两柱式举升机、工作台、机油收集器、冷却液收集器、轮胎架

工量具：通用 54 件组合扳手、机油滤清器扳手、火花塞扳手、火花塞间隙规、力矩扳手、冷却液冰点检测仪、散热器盖测试仪、螺旋测微计、皮带张紧力计、钢板尺、气动扳手、轮胎扳手、胎压表、轮胎花纹深度规、制动液吸取工具、制动液加注工具、制动液更换工具、空气压缩机、带磁力表架的百分表、游标卡尺、制动鼓规、电解液密度检测仪、液体比重计、火花塞间隙规、火花塞扳手、制冷剂泄漏检测仪、制冷剂回收机、歧管压力表

车　辆：每小组配备一台实训用车

备　品：工作服、工作鞋、手套、座椅套、转向盘套、脚垫、变速杆套、翼子板布、前盖、车轮挡块、车辆维修手册、机油、防冻液、机油滤清器、空气滤芯、放油螺塞垫片、燃油滤清器、齿轮油、ATF 油、肥皂水、制动液、火花塞清洁剂、空调制冷剂、风挡玻璃洗涤液、空调滤芯

实训1 综合训练

电子教案
整车维护保养综合训练及道路检测

电子课件
整车维护保养综合训练及道路检测

在能够对部分三、四、五、六的各分解项目熟练操作的基础上，须对整车维护保养进行综合性训练，可以通过缩短行走距离，减少走动次数，减少不合理的工作地点，减少吊升操作的次数，限制空闲时间来提高工作效率。

1. 缩短车辆周围的工作路径

（1）将尽可能多的工作集中在同一地点，并一次做完。

（2）车辆周围的运动路线应该始于驾驶员的座位，终于围绕车辆工作一次的结束地点。

（3）工具、仪器和更换部件应该提前准备好并置于易于拿取的地方。

2. 改善工作时的姿势

站立姿势是操作的基础，要尽可能地减少蹲式或弯腰。

3. 限制空闲时间

把事情组合起来做，比如油的排放和发动机加热。

4. 减少举升次数

通过把工作项目分类，能在相同位置做的所有的工作就在相同的时间内做。

在此给出一份各个工作位置上工作活动路线及工作内容的说明。九个工作位置即可完成其全部操作。

具体工作位置及操作项目如下（请同时参考附录 1）：

工作位置 1（图 7–1）（车辆未升起）

检查车辆内部和外部，从检查驾驶员座椅开始，将车辆四周彻底检查一遍。

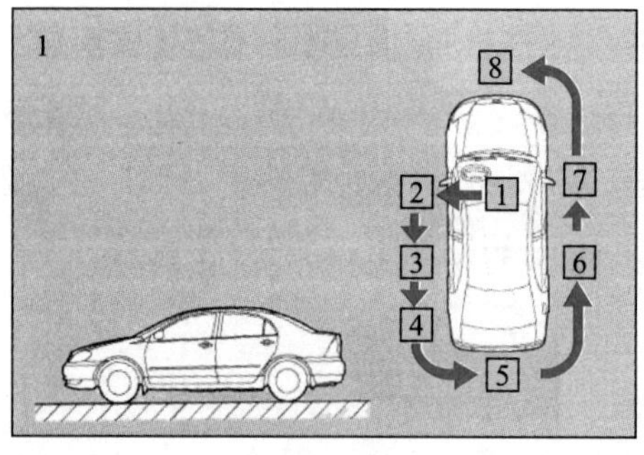

图 7–1

1—驾驶员座椅工位；2—驾驶员门（左侧前门）工位；3—左侧后门工位；4—燃油箱盖工位；5—车辆后部工位；6—右侧后门工位；7—右侧前门工位；8—车辆前部工位

准备工作

（1）把翼子板布、前盖、脚垫、座椅套和转向盘套以及变速杆套放好。

（2）检查油和液体，放好车轮挡块。

各工位检查项目

1. 驾驶员座椅工位

- 车灯性能
- 风挡玻璃喷洗器
- 风挡玻璃刮水器
- 喇叭
- 驻车制动器
- 制动器踏板
- 离合器
- 转向盘
- 外部检测准备

2. 驾驶员门（左侧前门）工位

- 门控灯开关
- 车身的螺母和螺栓

（门、座椅和座椅安全带）

3. 左侧后门工位

- 门控灯开关
- 车身的螺母和螺栓

（门、座椅和座椅安全带）

4. 燃油箱盖工位

- 油箱盖
- 扭矩限制器

5. 车辆后部工位

- 悬架
- 车灯
- 车身的螺栓和螺母（后备厢门）
- 备用轮胎

6. 右侧后门工位

- 门控灯开关
- 车身的螺母和螺栓（门、座椅和座椅安全带）

7. 右侧前门工位

- 门控灯开关
- 车身的螺母和螺栓

（门、座椅和座椅安全带）

8. 车辆前部工位

- 悬架
- 车灯
- 车身的螺栓和螺母（发动机罩）

工作位置 2（图 7–2）（车辆稍稍升起）

检查悬架球节

工作位置 3（图 7–3）（车辆升起较高）

检查车辆的底架。

为了缩短空闲时间，在发动机机油排放时，从车辆前方移动至后方，然后再从后方回至前方来检查车辆。

- 发动机机油（排放）
- 手动传动桥油
- 自动传动桥液
- 驱动轴护套
- 转向传动机构
- 转向器
- 动力转向液

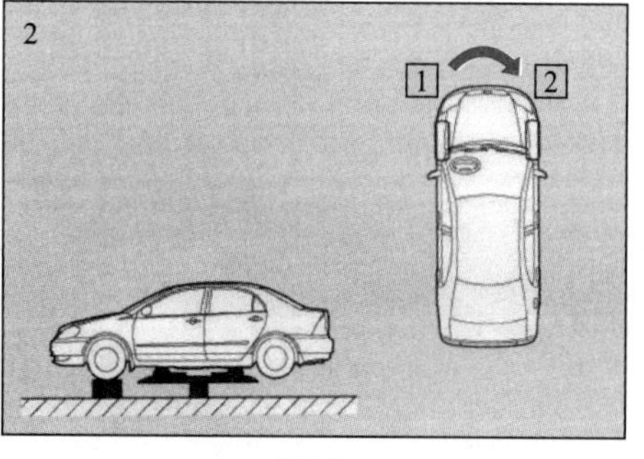

图 7–2

1—左前工位；2—右前工位

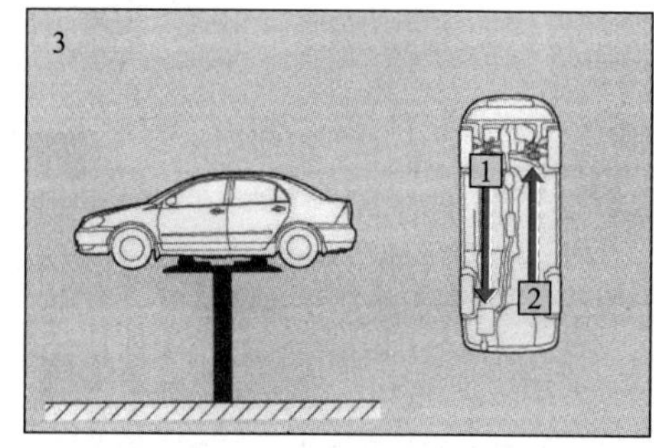

图 7–3

1—左工位；2—右工位

- 制动管路
- 燃油管路
- 排气装置
- 螺母和螺栓（在车辆下面）
- 悬架
- 发动机机油滤清器
- 发动机机油排放塞
- 油脂更换

工作位置 4（图 7-4）（车辆升至中位）

绕车辆行进一周，主要是检查车轮和制动器。

- 车轮轴承
- 车轮拆卸
- 轮胎
- 盘式制动器
- 鼓式制动器

工作位置 5（图 7-5）（车辆降至低位）

检查制动器的阻滞，将制动液从制动总泵排放出来。

1 ~ 5——制动拖滞

6——安装制动液更换工具

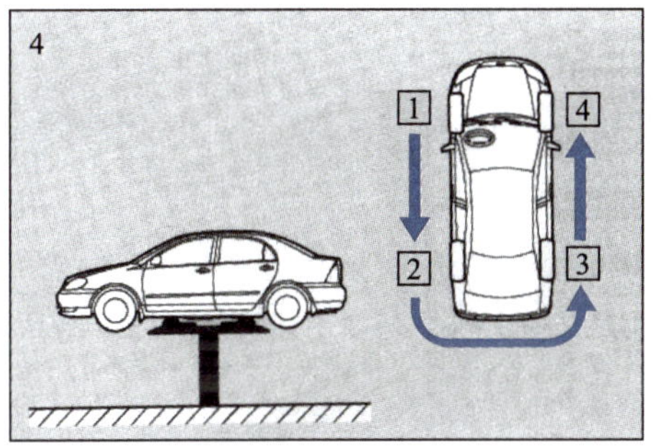

图 7-4

1—左前工位；2—左后工位；3—右后工位；4—右前工位

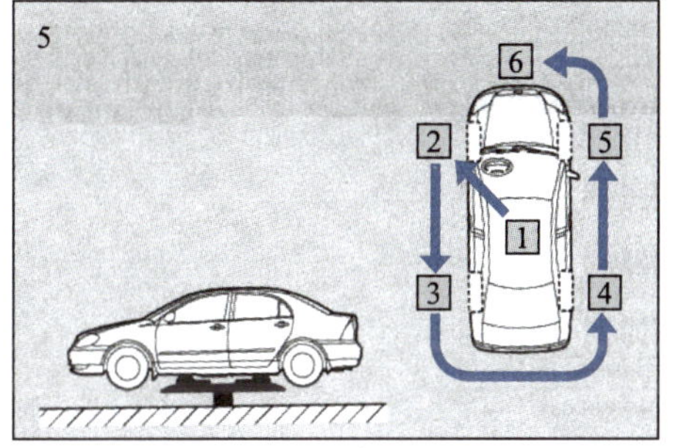

图 7-5

1—驾驶室工位；2—左前轮工位；3—左后轮工位；4—右后轮工位；5—右前轮工位；6—发动机舱工位

工作位置 6（图 7-6）（车辆升至中位）

- 更换制动液
- 安装车轮

工作位置 7（图 7-7）（车辆降至低位，轮胎触及地面）

1. 发动机室的检查

（1）起动发动机前

- 停车制动器和车轮挡块
- 机油加注
- 发动机冷却液
- 散热器盖

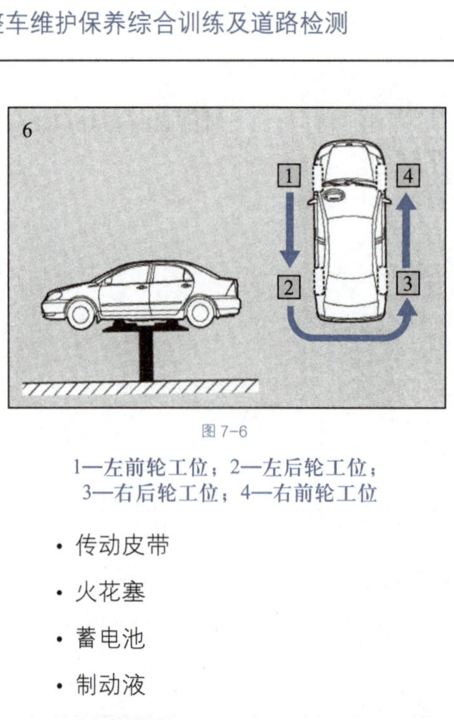

图 7-6

1—左前轮工位；2—左后轮工位；3—右后轮工位；4—右前轮工位

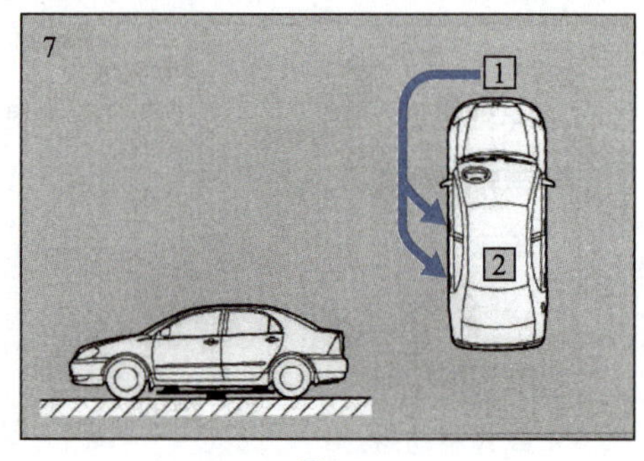

图 7-7

1—发动机舱工位；2—车轮工位

- 传动皮带
- 火花塞
- 蓄电池
- 制动液
- 制动管路
- 离合器液
- 空气滤清器
- 活性炭罐
- 前减振器的上支架
- 喷洗液

（2）起动发动机

发动机暖机过程

- 轮毂螺母的再紧固
- PCV 系统
- 发动机冷却液

发动机暖机后（和运行）

- 自动传动桥液
- 空调
- 动力转向液

发动机停止

- 机油
- 气门间隙

2. 燃油滤清器

工作位置 8（图 7-8）（车辆升起较高）

对检查过的部位，更换过的零件以及机油和油液泄漏进行最后一次检查。

- 发动机机油
- 制动液等

工作位置 9（图 7-9）（车辆未升起）

清洗车辆的各个部分，然后进行其他车辆保养工作。

（1）拆卸翼子板布和前盖

（2）调整收音机、时钟和座椅位置

（3）清洁

（4）道路测试后，拆卸座椅套、脚垫和转向盘套

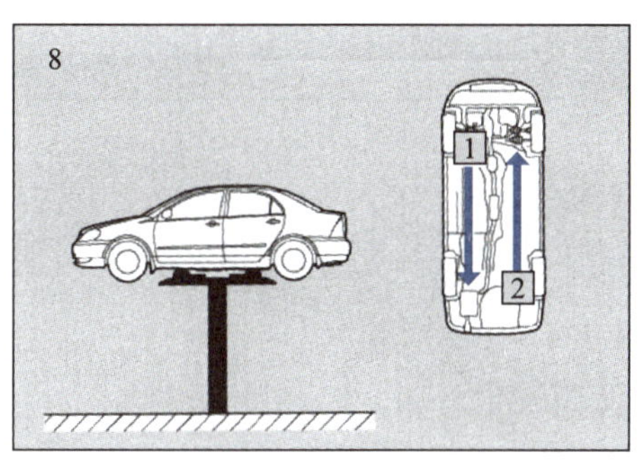

图 7-8

1—左工位；2—右工位

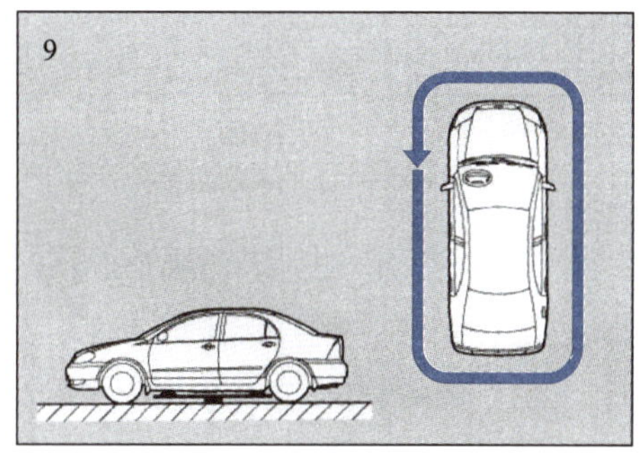

图 7-9

实训 2　道 路 检 测

1. 行车制动系统检查（图 7-10）

（1）检查在松开驻车制动器时车辆是否发抖。

（2）根据施加在踏板上的力检查制动器功能。

（3）检查制动器是否有尖叫声。

（4）检查制动器踏板是否有足够的行程余量。

（5）检查车辆制动时是否有类似振动或踏板松软的异常现象。

2. 驻车制动系统检查（图 7-11）

检查使用驻车制动器时，车辆是否能够可靠地停留在斜坡上。

图 7-10

图 7-11

3. 离合器检查（图 7-12）

（1）换到第一挡在车辆开始移动时离合器是否接合平稳并在加速时没有滑动。

（2）检查在踏板踩下时是否有不正常的噪声或振动。

4. 转向系统检查（图 7-13）

（1）检查当车轮笔直向前行驶时转向盘是否在适当的位置。

（2）检查车辆笔直向前行驶时转向盘不偏向一侧。

（3）检查转向时没有异常噪声和转向盘发抖，而且转向操作方便并能自动回位。

图 7-12

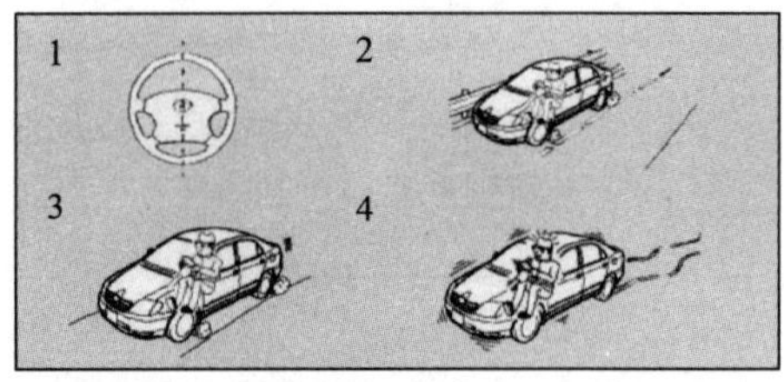

图 7-13

（4）检查转向时不发飘，不摇振，不颤振等。

5. 自动变速器检查（图 7-14）

（1）检查在“D”挡行驶时变速器能自动换高挡和低挡。

（2）检查在“2”或“L”挡行驶时，具有发动机制动作用。

（3）检查在正常行驶、齿轮变换、起动时，应没有振动、冲击或打滑现象。

6. 振动和异常噪声检查（图 7-15）

检查当车辆在下列装置工作时有无振动和不正常噪声：

- 发动机
- 传动链
- 悬架系统
- 转向系统
- 制动系统
- 车身

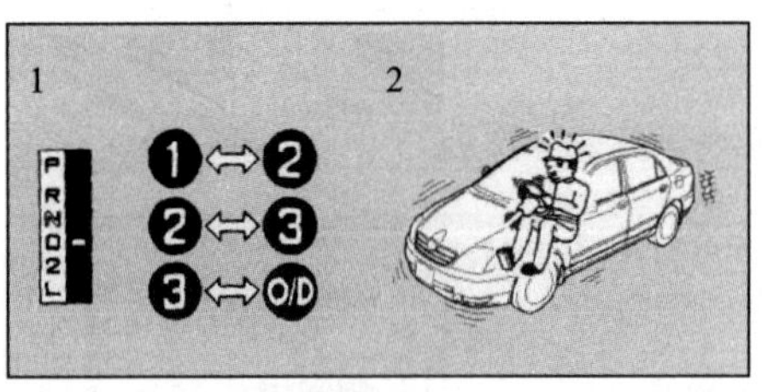

图 7-14

图 7-15

拓展资源
整车维护保养综合
训练及道路检测

附录

附录 1 花冠自动挡轿车 40 000 km 保养工单

[工作位置 1]

预检工作

驾驶员座椅

- 安装座椅套
- 安装脚垫
- 安装转向盘套
- 安装换挡杆套
- 拉起发动机盖释放杆

车辆前部

- 打开发动机盖
- 安装翼子板布
- 安装前格栅布
- 安装车轮挡块（可以用举升机顶起部分车辆重量）

发动机室

- 检查发动机冷却液液位
- 检查发动机机油
- 检查制动液液位
- 检查喷洗器液面

LH RH **驾驶员座椅**

- 检查示宽灯点亮
- 检查牌照灯点亮
- 检查尾灯点亮
- 检查大灯 (Lo) 点亮（近光灯）
- 检查大灯 (Hi) 和指示灯点亮
- 检查大灯闪光器开关和指示灯点亮
- 检查转向信号灯和指示灯点亮
- 检查危险警告灯和指示灯点亮
- 检查停车灯点亮（尾灯一起点亮）
- 检查倒车灯点亮
- 检查变光器开关自动回位功能

- 检查仪表板灯点亮
- 检查顶灯点亮
- 检查组合仪表警告灯：点亮和熄灭

LH RH **风挡玻璃喷洗器**

- 检查喷射状态
- 检查喷射位置
- （检查当玻璃喷洗器喷射时刮水器的工作情况）
- （喷射器位置调整）

风挡玻璃刮水器

- 检查工作情况 (Lo)
- 检查工作情况 (Hi)
- 检查工作情况（间歇功能）
- 检查工作情况（雾功能）
- 检查停止位置
- 检查刮拭状况

喇叭

- 检查工作情况

驻车制动器

- [ ] 检查驻车制动杆行程（6~9）
- [ ] 检查驻车制动器指示灯点亮

制动器

- [ ] 检查制动器踏板应用状况（响应性）
- [ ] 检查制动器踏板应用状况（完全踩下）
- [ ] 检查制动器踏板应用状况（异常噪声）
- [ ] 检查制动器踏板应用状况（过度松动）
- [ ] 测量制动踏板高度
- [ ] 测量制动器踏板自由行程
- [ ] 测量制动器踏板行程余量
- [ ] 检查制动助力器工作情况（下沉）
- [ ] 检查制动助力器气密性（空气阀：高度变高）
- [ ] 检查制动助力器真空功能（控制阀：高度不变）

转向盘

- [ ] 测量自由行程
- [ ] 检查松驰和摆动
- [ ] 检查 ACC 位置，转向盘可否自由移动

外部检查准备

- [ ] 打开后备厢门和燃油盖
- [ ] 将顶灯开关旋至“DOOR”
- [ ] 将换挡杆置于空挡
- [ ] 释放驻车制动杆

驾驶员车门

门控灯开关

- [ ] 检查工作情况（顶灯和指示灯工作情况）

车身螺母和螺栓

- [ ] 检查座椅安全带的螺栓和螺母是否松动
- [ ] 检查座椅的螺栓和螺母是否松动
- [ ] 检查车门的螺栓和螺母是否松动（铰链）

驾驶员侧后车门

门控灯开关

- [ ] 检查工作情况（顶灯和指示灯工作情况）

螺母和螺栓

- [ ] 检查座椅安全带的螺栓和螺母是否松动（包括中间座椅）
- [ ] 检查座椅的螺栓和螺母是否松动（包括中间座椅）
- [ ] 检查车门的螺栓和螺母是否松动

油箱盖

油箱盖

- [ ] 检查是否变形和损坏
- [ ] 检查连接状况
- [ ] 检查扭矩限制器工作情况

后部

悬架

LH	RH	
		检查减振器的减振力
		检查车辆倾斜度

车灯

LH	RH	
		检查安装状况
		检查是否损坏和有污垢

备用轮胎

- [ ] 检查是否有裂纹和损坏
- [ ] 检查是否嵌入金属颗粒或其他异物
- [ ] 测量胎面沟槽深度
- [ ] 检查是否有异常磨损
- [ ] 检查气压
- [ ] 检查是否漏气
- [ ] 检查钢圈是否损坏或腐蚀

螺母和螺栓

- [ ] 检查后备厢门的螺栓和螺母是否松动

乘客侧后车门

门控灯开关

- [ ] 检查工作情况（顶灯和指示灯工作情况）

螺母和螺栓

- [ ] 检查座椅安全带的螺栓和螺母是否松动
- [ ] 检查座椅的螺栓和螺母是否松动
- [ ] 检查车门的螺栓和螺母是否松动

乘客车门

门控灯开关

- [ ] 检查工作情况（顶灯和指示灯工作情况）

螺母和螺栓

- [ ] 检查座椅安全带的螺栓和螺母是否松动（包括中间座椅）
- [ ] 检查座椅的螺栓和螺母是否松动（包括中间座椅）
- [ ] 检查车门的螺栓和螺母是否松动

空调

- [ ] 检查空调空气格

前部

悬架

LH RH

- [ ] [ ] 检查减振器的减振力
- [ ] [ ] 检查车辆倾斜度

车灯

LH RH

- [ ] [ ] 检查安装状况
- [ ] [ ] 检查是否损坏和有污垢

发动机舱

- [ ] 检查发动机盖的螺栓和螺母是否松动
- [ ] 旋松机油加注口盖

[工作位置 2]

球节

LH RH

- [ ] [ ] 检查垂直游隙
- [ ] [ ] 检查防尘罩是否损坏

[工作位置 3]

发动机机油（排放）

- [ ] 检查是否漏油（发动机各部位的配合表面）
- [ ] 检查是否漏油（油封）
- [ ] 检查是否漏油（排放塞）
- [ ] 排放发动机机油

自动传动桥液

- [ ] 检查是否漏油（壳配合面）
- [ ] 检查是否漏油（轴和拉索伸出的区域）
- [ ] 检查是否漏油（油封）
- [ ] 检查是否漏油（排放塞和加注口塞）
- [ ] 检查是否漏油（管件和软管连接）
- [ ] 检查机油冷却器软管是否损坏（自动传动桥油更换）

驱动轴护套

LH RH

- [ ] [ ] 检查是否有裂纹和其他损坏（外侧）
- [ ] [ ] 检查是否有裂纹和其他损坏（内侧）
- [ ] [ ] 检查润滑脂是否渗漏（外侧）
- [ ] [ ] 检查润滑脂是否渗漏（内侧）

转向传动机构

LH RH

- [ ] [ ] 检查是否松动和摆动
- [ ] [ ] 检查有无弯曲和损坏
- [ ] [ ] 检查防尘套是否开裂和破损

动力转向液（齿条和小齿轮型）

- [ ] 检查是否泄漏（齿轮箱）
- [ ] 检查是否泄漏（PS 叶轮泵）
- [ ] 检查是否泄漏（液体管路和接头处）

	检查动力转向软管的裂纹或其他损坏

制动管路

	检查是否泄漏
	检查制动管路上的压痕或其他损坏
	检查制动管路软管扭曲、裂纹和凸起
	检查制动器管道和软管的安装状况

燃油管路

	检查燃油泄漏
	检查燃油管路损坏

排气管和安装件

	检查排气管损坏
	检查消声器损坏
	检查排气安装件的 O 形圈是否损坏或脱落
	检查密封垫片损坏
	检查排气泄漏

螺母和螺栓（车辆底部）

	1—中间梁 × 车身
	2—下臂 × 横梁
	3—球节 × 下臂
	4—横梁 × 车身
	5—下臂 × 横梁
	6—中间梁 × 横梁
	7—制动卡钳 × 转向节
	8—球节 × 转向节
	9—减振器 × 转向节
	10—稳定杆连接杆 × 减振器
	11—稳定杆 × 稳定杆连接杆
	12—转向机壳 × 横梁
	13—稳定杆 × 横梁
	14—横拉杆端头锁止螺母
	15—横拉杆端头 × 转向节
	16—拖臂和后桥 × 车身
	17—拖臂和后桥 × 后桥轮毂
	18—制动分泵 × 背板
	19—控制杆 × 拖臂和后桥
	20—减振器 × 拖臂和后桥
	21—减振器 × 车身
	22—排气管
	23—燃油箱

悬架

LH	RH	
		检查是否损坏（转向节）(Fr)
		检查是否损坏（减振器）(Fr)
		检查是否损坏（减振器）(Rr)
		检查是否损坏（减振器螺旋弹簧）(Fr)
		检查是否损坏（减振器螺旋弹簧）(Rr)
		检查是否损坏（下臂）
		检查减振器损坏 (Fr)
		检查减振器损坏 (Rr)
		检查减振器的机油泄漏 (Fr)
		检查减振器的机油泄漏 (Rr)
		检查悬架接头连接杆摆动 (Fr)
		检查悬架接头连接杆摆动 (Rr)
		检查有无损坏（稳定杆）
		检查有无损坏（拖臂和后桥）

发动机机油滤清器

	更换发动机机油滤清器

发动机机油排放塞

	安装排放塞
	更换排放垫片

螺母和螺栓的位置（车辆底部）

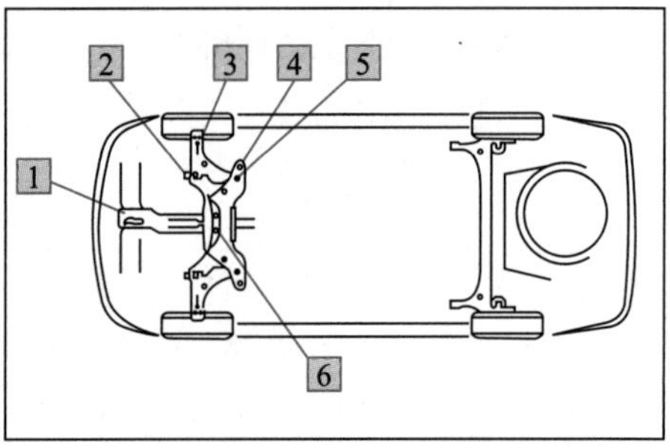

1
2
3
4
5
6

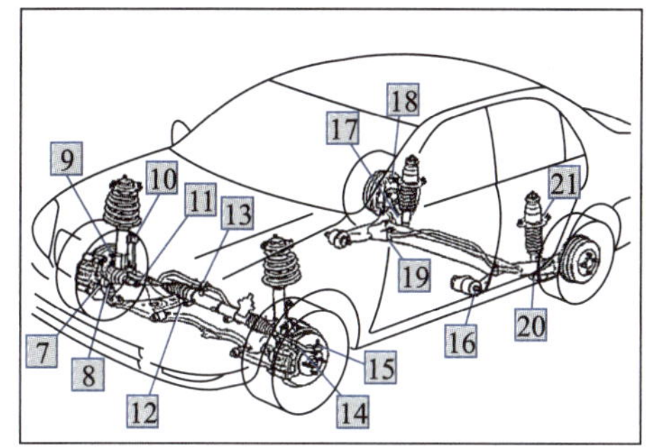

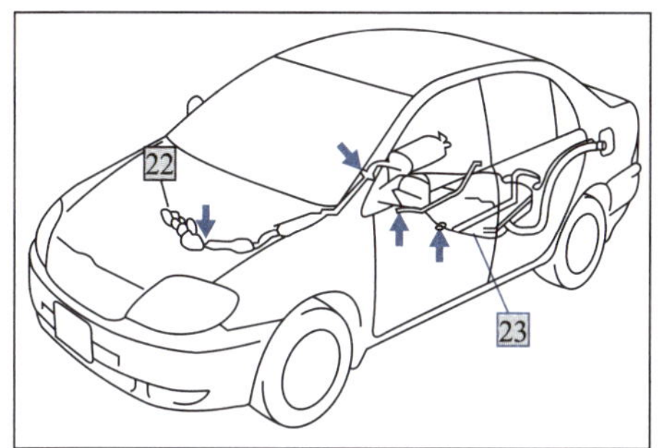

[工作位置 4]

LH RH

FrRrFrRr 车轮轴承

- 检查有无摆动
- 检查转动状况和噪声
- 拆卸车轮

轮胎

- 检查是否有裂纹和损坏
- 检查是否嵌入金属碎片和异物

LH RH

FrRrFrRr

- 测量胎面沟槽深度
- 检查轮胎异常磨损
- 测量轮胎气压
- 检查轮胎漏气
- 检查轮辋损坏或腐蚀

盘式制动器

- 测量制动器摩擦片厚度（外侧）
- 目视检查制动器摩擦片厚度（内侧）
- 检查制动器摩擦片的不均匀磨损（更换制动器摩擦片）
- 检查制动盘磨损和损坏（制动盘厚度和跳动量检查）
- 检查从制动卡钳的制动液泄漏

鼓式制动器

- 检查制动蹄滑动状况
- 检查制动蹄背板和固定件之间接触表面的磨损
- 检查制动蹄背板和固定件的锈蚀
- 测量制动器摩擦片厚度
- 检查制动器摩擦片损坏
- 检查轮缸的制动液泄漏
- 测量制动鼓内径
- 检查制动鼓的磨损和损坏
- 清洁制动鼓
- 制动蹄间隙调整

[工作位置 5]

驾驶员座椅

- 检查制动踏板和手制动

每个轮胎位置

- 检查制动器拖滞

发动机室

- 检查制动液（补充）

[工作位置 6]

LH RH

FrRrFrRr 每个轮胎位置

- 制动管路放空气
- 车轮临时安装

[工作位置 7]

发动机起动前

驻车制动器和车轮挡块

- 使用驻车制动器并放置车轮挡块

发动机机油

- 加注发动机机油（3.7L）

发动机冷却液

- [ ] 排放发动机冷却液
- [ ] 加注发动机冷却液

散热器盖

- [ ] 测量阀门开启压力
- [ ] 检查真空阀工作情况
- [ ] 检查橡胶密封件裂纹和其他损坏

传动皮带

- [ ] 检查是否变形
- [ ] 检查是否损坏（磨损、裂纹、脱层或其他损坏）
- [ ] 检查安装状况

火花塞

- [ ] 更换
- [ ] （检查）
- [ ] （火花塞间隙调整）

蓄电池

- [ ] 检查电解液液位
- [ ] 检查蓄电池盒损坏
- [ ] 检查蓄电池端子腐蚀
- [ ] 检查蓄电池端子导线松动
- [ ] 检查通风孔塞损坏
- [ ] 检查通风孔堵塞
- [ ] （测量 1 格比重）比重值

制动液

- [ ] 检查总泵内液面（贮液罐）
- [ ] 检查总泵液体泄漏

制动管路

- [ ] 检查液体是否泄漏
- [ ] 检查制动器管和软管是否有裂纹和损坏
- [ ] 检查制动器软管和管的安装状况

空气滤清器滤芯

- [ ] 更换

活性炭罐

- [ ] 检查是否损坏
- [ ] 检查止回阀的工作情况

前减振器的上支承

- [ ] 检查前减振器上支承的松动

喷洗液

- [ ] 检查液位

起动发动机和发动机暖机期间

FrRrFrRr 轮毂螺母的再紧固

- [ ] 旋紧车轮

PCV 系统

- [ ] 检查 PCV 阀的工作情况
- [ ] 检查软管裂纹和损坏

发动机冷却液

- [ ] 检查是否从散热器泄漏
- [ ] 检查橡胶软管是否泄漏
- [ ] 检查软管夹周围是否泄漏
- [ ] 检查散热器盖是否泄漏
- [ ] 检查橡胶软管裂纹、凸起和硬化
- [ ] 检查橡胶软管连接松动
- [ ] 检查夹箍安装松动

发动机暖机后（并运转）

自动传动桥液

- [ ] 检查液位

空调

- [ ] 检查空调制冷剂量

动力转向液

- [ ] 测量液位
- [ ] 检查是否有液体泄漏

发动机停机后

动力转向液

- [ ] 测量液位（检查与发动机转动时的差别）

发动机机油

- [ ] 检查发动机机油位

空调

- [ ] 检查空调制冷剂泄漏

发动机冷却液

- [ ] 检查冷却液液位（散热器）
- [ ] 检查冷却液液位（贮液罐）

燃油滤清器

- [ ] 更换

[工作位置 8]

最终检查

- [ ] 发动机机油泄漏
- [ ] 制动器液泄漏
- [ ] 更换零件等的安装状况

[工作位置 9]

恢复 / 清洁

- [ ] 拆卸翼子板布和前盖
- [ ] 清洁车身、车身内部、烟灰缸等
- [ ] 调整收音机、时钟、座椅位置等

[道路测试]

- [ ] 制动器系统
- [ ] 驻车制动器系统
- [ ] 转向系统
- [ ] 自动传动桥系统
- [ ] 振动和不正常噪声
- [ ] 拆卸转向盘套、脚垫和座椅套

附录 2　大众车系常规保养单

适用车型：捷达、宝来、高尔夫、开迪、速腾、迈腾、CC、奥迪

7 500 公里首次保养	每 12 个月或每 15 000 公里定期保养	每 24 个月或每 30 000 公里定期保养	一汽-大众特许经销商常规保养项目	合格	不合格	消除
•	•	•	查询自诊断系统故障存储器			
	•	•	检查安全带及安全气囊罩壳是否损坏			
•	•	•	检查车内所有开关、用电器、仪表各警报指示灯及车外所有灯光的工作状况			
	•	•	检查大灯光束，如必要，调整大灯光束			
•	•	•	检查风窗刮水器及清洗器功能，如必要，调整喷嘴			
	•	•	检查调整手动制动器			
•	•	•	润滑车门限位条			
•	•	•	润滑发动机罩铰链及锁舌			
•	•	•	检查流水槽内是否有树叶等杂物，如有则清除，同时疏通排水孔			
	•	•	检查转向助力机构液压油油位，如必要，添加液压油			
•	•	•	检查制动液液位，必要时添加制动液			

续表

7 500 公里首次保养	每 12 个月或每 15 000 公里定期保养	每 24 个月或每 30 000 公里定期保养	一汽–大众特许经销商常规保养项目	合格	不合格	消除
•	•	•	检查冷却液液面高度及浓度，如必要，添加冷却液或调整浓度			
•	•	•	检查风窗清洗液液面高度，必要时添加清洗液			
•	•	•	排掉燃油滤清器内的水（柴油发动机）			
•	•	•	检查蓄电池固定情况，电解液液面（非免维护蓄电池），必要时添加蒸馏水 检查蓄电池固定情况，电眼颜色（免维护蓄电池，无电眼检查电压）			
	•		清洗空气滤清器壳体，必要时，更换滤芯			
		•	更换空气滤清器滤芯			
	•	•	检查空调新鲜空气滤清器，必要时更换滤芯			
		•	更换火花塞			
	•	•	检查正时齿带状态及张紧度			
	•	•	检查多楔皮带的状态，必要时更换皮带			
•	•	•	检查 V 型皮带张紧度及皮带是否损坏，必要时调整张紧度或更换皮带			
•	•	•	检查发动机润滑系、冷却系、燃油系，空调、制动和转向系统（助力转向）有无泄漏或损坏			
•	•	•	更换发动机机油及机油滤清器			
•	•	•	目测检查变速箱、主减速器及等速万向节防护套有无泄漏或损坏			
•	•	•	检查转向横拉杆球头的间隙，紧固程度及防尘套状况			
•	•	•	检查手动变速箱内的齿轮油油位，如必要，添加或更换齿轮油			
	•	•	检查自动变速箱润滑油（ATF）油位，如必要，添加润滑油（ATF）			
		•	更换燃油滤清器			
	•	•	检查排气系统是否有泄漏或损坏			
	•	•	检查四轮轴承间隙，必要时调整或更换轴承 *			
•	•	•	检查制动摩擦衬块厚度			

续表

7 500 公里首次保养	每 12 个月或每 15 000 公里定期保养	每 24 个月或每 30 000 公里定期保养	一汽-大众特许经销商常规保养项目	合格	不合格	消除
•	•	•	检查所有轮胎（包括备胎）的花纹深度及磨损形态，消除轮胎上的异物			
•	•	•	进行轮胎换位，按要求检查轮胎气压，必要时校正，检查车轮螺栓拧紧力矩			
•	•	•	试车：检查脚、手制动器，变速箱，离合器，转向及空调等功能，查询故障存储器，终检			

注意：

◆ * 适用于可调整轴承

◆每 6 万公里更换 5V 机正时皮带及皮带张紧器

◆每 8 万公里更换 2V 机正时皮带

◆每 9 万公里更换柴油机正时皮带，检查张紧器，必要时更换

◆每 6 万公里更换一次自动变速箱润滑油（ATF）

◆每 2 年更换制动液

◆每 7 500 公里对柴油滤清器进行排水

◆检查是否加装或改装其他电气设备或机械附件，并在本次保养单备注中注明“有”或“无”，若“有”，请详细注明！

合格 = 已检查未发现缺陷

不合格 = 检查中发现缺陷

消除 = 按维修信息消除缺陷

参考文献

[1] 周林福 . 汽车底盘构造与维修 . 北京 : 人民交通出版社，2005.

[2] 丰田汽车公司 .TEAM-21 之丰田技术员 .

[3] 汽车维修编写组 . 汽车维修 . 北京：人民邮电出版社，2000.

[4] 丰田汽车公司 . 威驰轿车维修手册 .

[5] 一汽大众迈腾六万公里保养视频资料 .